U0604014

新时代高质量发展丛书

数字经济 与 高质量发展

石满珍◎著

DIGITAL ECONOMY AND
HIGH-QUALITY DEVELOPMENT

本书得到以下基金资助：
1.南昌师范学院博士科研启动基金资助项目"数字经济与高质量发展"
2.南昌师范学院学术著作出版资助
3.南昌师范学院马克思主义学院学科建设经费资助

经济管理出版社
ECONOMY & MANAGEMENT PUBLISHING HOUSE

图书在版编目（CIP）数据

数字经济与高质量发展 / 石满珍著 . –– 北京：经
济管理出版社，2024. ––ISBN 978-7-5096-9939-3

Ⅰ. F492

中国国家版本馆 CIP 数据核字第 2024JX0530 号

组稿编辑：王光艳

责任编辑：王光艳

责任印制：张莉琼

出版发行：经济管理出版社

　　　　　（北京市海淀区北蜂窝 8 号中雅大厦 A 座 11 层　100038）

网　　址：www. E-mp. com. cn

电　　话：（010）51915602

印　　刷：北京市海淀区唐家岭福利印刷厂

经　　销：新华书店

开　　本：710mm×1000mm /16

印　　张：12

字　　数：177 千字

版　　次：2024 年 12 月第 1 版　　2024 年 12 月第 1 次印刷

书　　号：ISBN 978-7-5096-9939-3

定　　价：68.00 元

· 版权所有　翻印必究 ·

凡购本社图书，如有印装错误，由本社发行部负责调换。

联系地址：北京市海淀区北蜂窝 8 号中雅大厦 11 层

电话：（010）68022974　　邮编：100038

前 言

  自改革开放以来，中国经济发展取得了举世瞩目的成就，在实现30多年的高速增长后，受国际国内多重因素影响，2012年经济增速开始放缓，由高速增长转向中高速增长，经济增长阶段发生根本性转换。党的十九大报告指出我国经济已由高速增长阶段转向高质量发展阶段。党的二十大报告在总结新时代十年来的成就时指出，我们提出并贯彻新发展理念，着力推进高质量发展。2023年9月7日，习近平总书记在新时代推动东北全面振兴座谈会上首次提出"新质生产力"。2023年12月召开的中央经济工作会议指出要以科技创新推动产业创新，特别是以颠覆性技术和前沿技术催生新产业、新模式、新动能，发展新质生产力。2024年1月31日，中共中央政治局就扎实推进高质量发展进行第十一次集体学习，习近平总书记强调，新质生产力是创新起主导作用，摆脱传统经济增长方式、生产力发展路径，具有高科技、高效能、高质量特征，符合新发展理念的先进生产力质态。它由技术革命性突破、生产要素创新性配置、产业深度转型升级而催生，以劳动者、劳动资料、劳动对象及其优化组合的跃升为基本内涵，以全要素生产率大幅提升为核心标志，特点是创新，关键在质优，本质是先进生产力。

  党的十八大以来，党中央高度重视发展数字经济，将发展数字经济上升为国家战略。2021年12月，国务院印发了《"十四五"数字经济发展规划》，明确了数字经济是继农业经济、工业经济之后的主要经济形态，是以数据资源为关键要素，以现代信息网络为主要载体，以信息通信技术融合应用、全要素数字化转型为重要推动力，促进公平与效率更加统一的新经济形态。数字经济具有高创新性、强渗透性、广覆盖性，不仅是新的经济增长点，更是改造提升传统产业的支点，正推动生产方式、生活方式和治理方式深刻变革。毫无疑问，大力发展数字经济，促进数字经济和实体经济深度融合，建设现代化经济体系的重要引擎，是培育新质生产力实现经济高质量发展的重要途径。

本书是在博士论文的基础上修改而成的，在理论上分析了数字经济促进经济高质量发展的影响效应和作用机理，构建了数字经济促进经济高质量发展的分析框架；在实证方面揭示了发展数字经济对提高企业全要素生产率、提高宏观经济发展质量、健全市场化机制、驱动产业结构优化升级、推动乡村振兴等方面都有着显著的正向促进作用。

本书的出版得到了南昌师范学院学术著作出版基金的资助，感谢南昌师范学院马克思主义学院院领导的关心和帮助，感谢江西财经大学经济学院院领导，政治经济学博士点导师组及胡德龙、孙广召、卢阳等老师的悉心指导和建议，感谢江西财经大学巢文鸣、张辉东、王汉涛、李晓雨、陈洪燎等硕士研究生在数据处理方面给予的帮助。

由于水平有限，本书难免存在一些不足，恳请广大读者和专家提出宝贵意见和建议。

石满珍

2024 年 10 月

目　录

1

第一章

绪　论

　　高质量发展是我国当前经济社会发展的主题，各领域各方面各地区均要推进高质量发展，经济高质量发展是重要方面。大力发展数字经济是我国在新时代所提出的一项重大国家战略，数字经济具有高创新性、强渗透性和广覆盖性的特点，发展数字经济是传统产业优化升级的支点，是建设现代化产业体系的重要引擎。发展数字经济和经济高质量发展到底是什么关系，数字经济如何推动经济高质量发展是当前研究的一个重要课题。

一、研究背景与研究意义

（一）研究背景

　　2014 年 5 月，习近平总书记在河南考察时首提"新常态"，我国经济发展处于增长速度换挡期、结构调整阵痛期、前期刺激政策消化期的"三期叠加"时期。习近平总书记强调，推动经济持续健康发展，要求的是尊重经济规律、有质量、有效益、可持续的速度，要求的是在不断转变经济发展方式、不断优化经济结构中实现增长。经济新常态的特征为高速增长转为中高速增长，经济结构优化升级，要素驱动、投资驱动转向创新驱动。党的十九大报告指出，"我国经济已由高速增长阶段转向高质量发展阶段，正处在转变发展方式、优化经济结构、转换增长动力的攻关期，建设现代化经济体系是跨越关口的迫切要求和我国发展的战略目标"。党的二十大报告在总结新时代十年来的成就时指出，"我们提出并贯彻新发展理念，着力推进高质量发展"，经济实力实现历史性跃升。"中国式现代化的本质要求是：坚持中国共产党领导，坚持中国特色社会主义，实现高质量发展，发展全过程人民民主，丰富人民精神世界，实现全体人民共同富裕，促进人与自然和谐共生，推动构建人类命运共同体，创造人类文明新形态。"推动高质量发展已成为我国经济发展的主题，要"着力提高全要素生产率"，"推动经济实现质的有效提升和量的合理增长"；强调要"加快建设制造强国、质量强国、航天强国、交通强国、网络强国、数字强国"，要"加快发展数字经济，促进数字经济和实体经济深度融合"。高质量发展是"十四五"时期乃至更长时期内我国经济社会发展的主题，关系我国社会主义现代化建设全局。高质量发展不仅是一个经济要求，更是对经济社会发展方方面面的总要求；不是只对经济发达地区的要求，而是所有地区发展都务必贯彻的要求；不是一时一事的要求，而是必须长期坚持的要求。

2023年9月7日，习近平总书记在新时代推动东北全面振兴座谈会上首次提出"新质生产力"。2023年12月召开的中央经济工作会议强调，要以科技创新推动产业创新，特别是以颠覆性技术和前沿技术催生新产业、新模式、新动能，发展新质生产力。2024年1月31日，中共中央政治局就扎实推进高质量发展进行第十一次集体学习，习近平总书记强调，新质生产力是创新起主导作用，摆脱传统经济增长方式、生产力发展路径，具有高科技、高效能、高质量特征，符合新发展理念的先进生产力质态。它由技术革命性突破、生产要素创新性配置、产业深度转型升级而催生，以劳动者、劳动资料、劳动对象及其优化组合的跃升为基本内涵，以全要素生产率大幅提升为核心标志，特点是创新，关键在质优，本质是先进生产力。毫无疑问，大力发展数字经济，促进数字经济和实体经济深度融合，建设现代化经济体系的重要引擎，是培育新质生产力实现经济高质量发展的重要途径。

党的十八大以来，习近平总书记紧紧抓住人类社会第四次工业革命的发展机遇，深刻把握数字化、网络化、智能化的时代潮流，精心谋划、亲自推动我国数字技术、数字经济发展，发表一系列重要讲话和作出多项重大部署。2016年，习近平总书记在十八届中央政治局第三十六次集体学习时强调，要做大做强数字经济、拓展经济发展新空间；2017年习近平总书记在十九届中央政治局第二次集体学习时强调，要加快建设数字中国，构建以数据为关键要素的数字经济，推动实体经济和数字经济融合发展。党的十八大以来，党中央高度重视发展数字经济，将发展数字经济上升为国家战略。党的十八届五中全会提出，实施网络强国战略和国家大数据战略，拓展网络经济空间，促进互联网和经济社会融合发展，支持基于互联网的各类创新。党的十九大提出，推动互联网、大数据、人工智能和实体经济深度融合，建设数字中国、智慧社会。党的十九届五中全会提出，发展数字经济，推进数字产业化和产业数字化，推动数字经济和实体经济深度融合，打造具有国际竞争力的数字产业集群。党的二十大提出，加快发展数字经济，促进数字经济和实体经济深度融合，打造具有国际竞争力的数字产业集群。2016年7月，中共中央办公厅、国务院办公厅印发的《国家信息化发展战略纲要》指出，坚持走中国特色信息化发展道路，以信息化驱动现代化，建设网络强国，迫在眉睫、刻不容缓；信息革命为我国加速完成工业化任务、跨越"中等收入陷阱"、构筑国际竞争新优势提供了历史机遇。2021年12月，国务院印发了《"十四五"数字经济发展规划》，指出"统筹发展和安全、统筹国内和国际，以数据为关键要素，以数字技术与实体经济深度融合为主线，加强数字基础设施建设，完善数字经济治理体系，协同推进数字产业化和产业数字化，赋能传统产业转型升级，培育新产业新业态新模式，不断做强做优做大我国数字经济，为构建数字中国提供有力支撑"。该规划为推动数字经济高质量发展做了顶层设计。党的十九届四中全会指出要"健全劳动、资本、土地、知识、技术、管理、数据等生产要素由市场评价贡献、按贡献决定报酬的机制"，中共中央、国务院2020年印发的《关于构建更加完善的要素市场化配置体制机制的意见》提出要"加快培育数据要素市场"，这意味着我国已步入数字经济时代。

党中央把发展数字经济上升为国家战略，从国家层面部署推动数字经济发展。数字经济时代的开启将给生产生活带来深远影响，将向农业、工业、社会治理等经济社会各领域渗透发展，对经济发展方式和国际竞争格局产生深远影响，对经济增长的贡献显著增强，成为经济高质量发展的新动能。根据《全球数字经济白皮书（2022年）》，2021年，观察的 47 个国家数字经济增加值规模 ① 为 38.1 万亿美元，同比名义增长 15.6%，占 GDP 的比重为 45%。其中，发达国家数字经济规模达到 27.6 万亿美元，占 47 个国家总量的 72.4%。从增长速度来看，发展中国家的数字经济同比名义增长率为 22.3%，高于同期发达国家增速 9.1 个百分点。主要国家正在加快政策调整，战略布局与落地实施同步推进。2022 年，我国数字经济规模达到 50.2 万亿元，数字经济占 GDP 比重达到 41.5%，相当于第二产业的比重。第三产业、第二产业、第一产业数字经济渗透率分别为 44.7%、24.0%、10.5%，形成了服务业和工业数字化共同驱动发展的格局。我国数字经济全要素生产率 ② 从 2012 年的 1.66 上升至 2022 年的 1.75，③ 数字经济生产率水平和同比增幅都显著高于整体国民经济生产效率，对整体国民经济生产效率的提升起到了支撑和拉动作用。

一般认为，发展数字经济能助推经济高质量发展，但从现状分析视角来看，我国各地级市数字经济发展在何水平？从理论分析视角看，数字经济对经济高质量发展具有什么效应？作用机制是什么？从实证分析视角来看，当前我国发展数字经济是否显著推动了经济高质量发展？能否有效助推经济高质量发展？这些问题都需要通过具体研究回答。

（二）研究意义

我国经济已转向高质量发展阶段，经济高质量发展已成为我国当前经济发展的鲜明主题。习近平总书记牢牢把握数字化、网络化、智能化

① 数字经济增加值规模由数字产业化部分增加值（信息产业增加值）和产业数字化部分增加值（数字技术与其他产业融合应用）两部分构成，其中产业数字化部分含信息与通信技术（ICT）产品和服务在其他领域融合渗透带来的产出增加和效率提升两方面带来的增加值。

② 数字经济全要素生产率为数字经济增加值与用于数字化生产的资本与劳动两部分价值之和。

③ 参见《中国数字经济发展研究报告（2023 年）》。

发展趋势，作出一系列新论断新部署新要求，为引领中国经济从高速增长阶段转向高质量发展阶段指明了前进方向、提供了根本遵循。

1. 理论意义

（1）构建了数字经济赋能经济高质量发展的理论分析框架，从微观经济和宏观经济两个层面论述了数字经济发展对经济高质量发展的作用。在微观经济（企业）层面，把全要素生产率作为经济高质量发展的代理变量，从创新及其拓展、规模经济与范围经济、交易费用、提高企业生产效率和质量从而提升企业竞争力、提高员工的工作满意度和幸福度五个方面论述了数字经济对提高企业全要素生产率的影响和作用。在宏观经济（地级市）层面，从新发展理念（创新、协调、绿色、开放、共享）角度构建了宏观经济高质量发展评价指标体系，用高质量发展指数反映城市高质量发展情况，从新发展理念的角度分别论述了数字经济对宏观经济高质量发展的影响和作用。较为系统地论述了数字经济赋能经济高质量发展的作用机制，并通过建立计量模型实证分析了数字经济对经济高质量发展的作用。另外，还从经济高质量发展的三个重点领域（社会主义市场经济体制、产业结构优化升级、乡村振兴）验证了数字经济发展可能引起市场化水平、产业结构高级化指数、产业结构合理化指数、乡村振兴指数等经济指标的变化。

（2）揭示了数字经济促进经济高质量发展的机制。重点从市场化的角度论证了发展数字经济促进企业全要素生产率提高和贯彻新发展理念促进宏观经济高质量发展的作用机制。党的二十大报告中"加快构建新发展格局，着力推动高质量发展"的五项举措中的第一项就是"构建高水平社会主义市场经济体制"。从理论上论述了市场化对创新发展、协调发展、绿色发展、开放发展和共享发展的作用，并从实证的角度验证了发展数字经济可以通过完善市场经济体制进一步推动经济高质量发展，微观机制和宏观机制均得到了验证。

2. 现实意义

（1）为全面了解我国数字经济发展现状提供了数据支撑。从数字化基础设施、数字产业化、产业数字化三个维度构建了数字经济发展水平测算体系，并对各地市的数字经济发展水平进行了测算，有助于全面了解我国数字经济发展现状，有助于各省份找准自身定位，为合理制定数字化战略提供数据支持。

（2）为数字经济赋能经济高质量发展提供指引。从微观（企业）经济和宏观经济两个层面揭示了数字经济促进经济高质量发展的影响机制和影响差异。数字经济更有利于国有企业、高技术产业和地处普通城市的企业全要素生产率的提升；市场化程度越高，数字经济对经济高质量发展的作用越大。这些研究结论对政府制定个性化的数字经济政策实现高质量发展提供了指引。

二、文献综述

（一）关于数字经济的内涵与测度研究

1. 数字经济的内涵研究

自 20 世纪 40 年代微电子技术取得重大突破以来，集成电路上的技术也突飞猛进，数据存储和信息处理能力大幅提升，"信息技术"对经济社会发展的影响已初步显现，"信息经济"的概念应运而生。1977 年，波拉特（Porat）在《信息经济》中首次将信息业上升为与农业、工业、服务业并列的产业。随着信息与通信技术（ICT）和互联网技术的逐步成熟，"互联网经济"概念逐渐兴起并得到广泛运用，与"信息经济"相比催生了以电子商务为代表的全新商业模式并得到快速发展。

随着移动数字通信技术的发展，"数字经济"的概念应运而生。"数字经济"这个名词首先是由美国学者唐·塔普斯科特（Don Tapscott）于 1996 年在《数字经济：网络智能时代的前景与风险》中提出的，他认为数字经济是有关技术、智能机器的网络系统，将智能、知识及创新联系起来以促进财富及社会发展的创造性突破。此时的"数字经济"通常被认为是互联网经济或信息经济的代名词。同年，美国《商业周刊》首次提出"新经济"（New Economy）概念，指以信息技术和全球化为基础的经济形态，也称知识经济，具有高增长率、低通胀率和低失业率的特征。1998 年，美国商务部发布了《浮现中的数字经济》（*The Emerging Digital Economy*），该报告关注"信息"这一核心资源对经济的决定作用，描述了在信息技术扩散和渗透的推动下，从工业经济走向数字经济的发展趋势，并将数字经济的特征概括为"因特网是基础设施，信息技术是先导技术，信息产业是带头和支柱产业，电子商务是经济增长的发动机"。

随后，不少学者对数字经济的概念进行梳理和研究。Moulton（1999）认为数字经济包括电子商务、信息技术、信息与通信技术基础设施等。孙德林和王晓玲（2004）认为数字经济的本质是信息化。何枭吟（2013）认为数字经济是在知识的基础上，以数字技术为动力，从制造、管理和流通领域发展经济的新形态。经济合作与发展组织（Organization for Economic Co-operation and Development，OECD）认为数字经济是一个由数字技术驱动的、在经济社会领域发生持续数字化转型的生态系统，该系统至少包括大数据、物联网、人工智能和区块链。美国经济分析局（Bureau of Economic Analysis，BEA）认为数字经济由三部分构成：一是与计算机网络运行相关的数字化基础设施，二是基于网络实现商业往来的电子商务业务，三是由数字经济使用者创造和使用的数字媒体。英国议会下议院（House of Commons）将数字经济视为以数字化形式交易商品和服务的经济形态。

随着信息技术、数字技术的不断进步，特别是云计算、物联网、大数据、人工智能等数字技术在经济社会各个方面的广泛应用，"数字经济"的概念被广泛接受。2016 年，G20 杭州峰会通过的《二十国集团数字经济发展与合作倡议》将数字经济定义为，以使用数字化的知识和信息作为关键生产要素、以现代信息网络作为重要载体、以信息通信技术的有效使用作为效率提升和经济结构优化的重要推动力的一系列经济活动。这一定义得到普遍认可。从本质上看，该定义反映了技术革命带来生产力进步和生产方式变革，进而产生新的经济形态，实现人类经济发展不断高级化的过程，即数字经济是当代的先进生产力。中国信息通信研究院认为数字经济是继农业经济、工业经济后的更高级经济阶段，是以数字化的知识和信息为关键生产要素，以数字技术创新为核心驱动力，以现代信息网络为重要载体，通过数字技术与实体经济深度融合，不断提高传统产业数字化、智能化水平，加速重构经济发展与政府治理模式的新型经济形态。数字经济包括数字产业化和产业数字化"两化"。2019 年扩展到"三化"（"两化"+数字化治理）。2020 年扩展为"四化"（数据价值化+"三化"），数字产业化和产业数字化是核心，数字化治理是保障，数据价值化是基础。《中国数字经济发展报告（2017 年）》指出，数字经济是以数字化信息为关键资源，以信息网络为依托，通过信息通信技术与其他领域紧密融合，形成了基础型、融合型、效率型、新生型、福利型五个类型的数字经济。[①] 蔡跃洲（2018）将数字经济划分为两种不同表现形式，即与数字技术直接相关的特定产业部门和融入数字元素（或信息要素）后的新型经济形态。Bukht 和 Heeks（2018）认为数字经济包括三个层次的内容：第一层为核心层，指硬件制造、信息服务、电信等数字部门（Digital Sector）；第二层为窄口径，指包括平台经济和数字服务在内的数字经济领域（Digital Economy）；第三层为宽口径，指将电子商务等包括在内的数字化经济领域（Digitalised Economy）。2021 年，国务院印发的《"十四五"数字经济发展规划》

---

① 基础型数字经济指传统信息产业，是数字经济的内核；融合型数字经济是指将信息采集、传输、存储、处理等信息设备不断融入传统产业的各个环节；效率型数字经济是指将数字技术运用于传统产业促进全要素生产率提升并进一步提高产出增长份额；新生型数字经济是指数字经济的发展不断推动新技术、新产品、新业态的出现；福利型数字经济是指数字技术为消费者剩余和社会福利带来正的外部效应。

指出，"数字经济是继农业经济、工业经济之后的主要经济形态，是以数据资源为关键要素，以现代信息网络为主要载体，以信息通信技术融合应用、全要素数字化转型为重要推动力，促进公平与效率更加统一的新经济形态"。国家统计局发布的《数字经济及其核心产业统计分类（2021）》也对数字经济作出了定义：数字经济是指以数据资源作为关键生产要素、以现代信息网络作为重要载体及以信息通信技术的有效使用作为效率提升和经济结构优化的重要推动力的一系列经济活动。数字经济的典型定义如表1-1所示。

表1-1 数字经济的典型定义

学者、机构或文件	定义时间	定义内容
Don Tapscott	1996年	有关技术、智能机器的网络系统，将智能、知识及创新联系起来以促进财富及社会发展的创造性突破
《商业周刊》	1996年	以信息技术和全球化为基础的经济形态
Moulton	1999年	包括电子商务、信息技术、信息通信技术基础设施等
OECD	2014年	由数字技术驱动的、在经济社会领域发生持续数字化转型的生态系统，至少包括大数据、物联网、人工智能和区块链
BEA	2016年	由三部分构成：一是与计算机网络运行相关的数字化基础设施，二是基于网络实现商业往来的电子商务业务，三是由数字经济使用者创造和使用的数字媒体
《二十国集团数字经济发展与合作倡议》	2016年	以使用数字化的知识和信息作为关键生产要素、以现代信息网络作为重要载体、以信息通信技术的有效使用作为效率提升和经济结构优化的重要推动力的一系列经济活动
中国信息通信研究院	2017年	是继农业经济、工业经济后的更高级经济阶段，是以数字化的知识和信息为关键生产要素，以数字技术创新为核心驱动力，以现代信息网络为重要载体，通过数字技术与实体经济深度融合，不断提高传统产业数字化、智能化水平，加速重构经济发展与政府治理模式的新型经济形态。数字经济包括数字产业化和产业数字化两部分
蔡跃洲	2018年	将数字经济划分为两种不同的表现形式，即与数字技术直接相关的特定产业部门和融入数字元素（或信息要素）后的新型经济形态
Bukht 和 Heeks	2018年	包括三个层次的内容：第一层为数字部门（Digital Sector）；第二层为窄口径的数字经济领域（Digital Economy）；第三层为宽口径的数字化经济领域（Digitalised Economy）

学者、机构或文件	定义时间	定义内容
中国信息通信研究院	2020 年	以数字化的知识和信息作为关键生产要素，以数字技术为核心驱动力量，以现代信息网络为重要载体，通过数字技术与实体经济深度融合，不断提高经济社会的数字化、网络化、智能化水平，加速重构经济发展与治理模式的新型经济形态。"四化"：数字产业化、产业数字化、数字化治理、数据价值化
《"十四五"数字经济发展规划》	2021 年	是继农业经济、工业经济后的主要经济形态，是以数据资源为关键要素，以现代信息网络为主要载体，以信息通信技术融合应用、全要素数字化转型为重要推动力，促进公平与效率更加统一的新经济形态

资料来源：笔者整理。

综上所述，数字经济的内涵经历了从狭义到广义的一个演变过程。狭义的数字经济主要是指 ICT 产业，而广义的数字经济是指一种新的经济形态、一种新的生产方式。

2. 数字经济的测度研究

由于数字经济的内涵有狭义和广义之分，即使是狭义的数字经济，对其概念界定目前也未达成一致，所以对数字经济的测度存在很大分歧。但从总体上看，目前有两条路径测度数字经济：一是用统计方法核算狭义的数字经济规模，二是通过构建评价指标体系对广义的数字经济发展水平进行综合评价。

在数字经济规模统计方面，主要有国民经济核算、增加值核算和卫星账户三种核算方法。美国数字经济核算范围包括四个类别的生产活动：一是基础设施（硬件、软件、建筑物），二是电子商务（企业对企业的电子商务、企业对消费者的电子商务），三是付费的数字服务（云服务、电信服务、互联网和数据服务、数字平台服务、其他付费服务），四是政府数字服务（非国防）。国家统计局将数字经济产业范围确定为数字产品制造业、数字产品服务业、数字技术应用业、数字要素驱动业、数字化效率提升业五个大类，这五个大类又包括 32 个中类、156 个小类。中国信息通信研究院对数字经济增加值规模的核算包括产业数字化和数字产业化两部分，产业数字化部分的增加值为 ICT 产品和服务在其他领域融合渗透带来的产出增加和效率提升所创造的增加值，数字产业化部分的增加值为信息产业增加值。目前，国际上较为通行的做法是运用数字经济卫星账户（Digital Economy Satellite Account，DESA）对数字经济进行测算（许宪春、张美慧，2020）。DESA 是对国民经济核算框架的拓展，主要指在国民经济核算中心框架外，按照国际统一的国民账户的概念和分类要求单独设立的账户体系。采用数字经济卫星账户的代表是 BEA 和 OECD。同时，还有不少学者对数字经济规模的统计方法进行了研究（蔡跃洲，2018；向书坚和吴文君，2019；许宪春和张美慧，2020；韩兆安等，2021；许宪春等，2022；巫景飞和汪晓月，2022；郭明英，2023）。对数字经济规模的统计存在诸如各国统计口径不一、数据的可获得性、无法充分反映对经济社会的积极影响等方面的问题。

在数字经济发展水平综合评价方面，欧盟发布了数字经济与社会指数（Digital Economy and Society Index，DESI）。DESI 是刻画欧盟各成员国数字经济发展程度的综合指数，该指数由欧盟根据各成员国宽带接入、人力资本、互联网应用、数字技术应用和数字化公共服务程度五个主要方面的 31 项二级指标计算得出。2016 年，美国商务部数字经济咨询委员会提出了衡量数字经济的各经济领域的数字化程度、经济活动和产出中数字化的影响、实际 GDP 和生产率等经济指标的复合影响、新出现的数字化领域四部分的框架。OECD 在 2017 年将其官方出版物《互联网经济展望》更名为《数字经济展望》，构建的数字经济指标体系涵盖了具有国际可比较性的投资智能化基础设施、赋权社会、创新能力、ICT 促进经济增长与增加就业岗位 4 个一级指标和 38 个二级指标的指标体系。

国内众多机构和学者对数字经济发展水平指数进行了研究与测度，自 2015 年以来许多机构开始构建数字经济综合评价指标体系。例如，国家工业信息安全发展研究中心从数字产业化、产业数字化、数字化治理三个方面测算了省域数字经济发展指数（DEAI）；中国信息通信研究院从数字技术、数字基础设施、数字市场和数字治理四个维度衡量全球数字经济发展指数（TIMG）。财新智库从数字经济产业指数、数字经济融合指数、数字经济溢出指数和数字经济基础设施指数四个维度构建了数字经济指数（DEI）并对省域数字经济指数进行了测算。赵涛等（2020）从互联网发展和数字金融普惠两个方面构建了数字经济综合评价体系，互联网发展又分为互联网普及率、相关从业人员数、互联网相关产出和移动互联网用户数四个维度。杨慧梅和江璐（2021）从产业数字化和数字化产业两个维度测算了数字经济发展水平。苏冰杰等（2022）从数字化基础、数字化生产力、数字化潜力三个维度构建了评价指标体系。孙小强等（2023）从基础条件、企业数字化、产业数字化和经济总量四个维度构建了指标体系。这些指数的测算方法和基本原理类似，但所选指标、数据来源等差异较大。

（二）关于经济高质量发展的内涵与测度研究

1. 经济高质量发展的内涵研究

国外关于经济增长质量内涵的研究大致有三个方面。一是从量和质的视角分析。马克思把扩大再生产的实现方式分为外延式扩大再生产和内涵式扩大再生产，内涵式扩大再生产是通过提高生产要素的质量和劳动生产率来实现产出的增加的方式。苏联经济学家卡马耶夫（1983）认为，经济增长除了应囊括生产资料和产量的量的增长，还应囊括产品质量和生产效率的提升及消费效果的增长等。二是从社会福利层面揭示经济增长质量的内涵。三是从可持续角度将生产力提高后的社会期望作为经济增长质量内涵的重要方面。Martinez 和 Mlachila（2013）将高质量增长定义为强有力、稳定、可持续的增长，生产力提高后引起的社会期望，如生活水平的提高（特别是贫困的减少）。

在我国，"高质量发展"这一术语是在党的十九大报告中提出的，该报告指出"我国经济已由高速增长阶段转向高质量发展阶段"。自"高质量发展"概念提出后，学术界从不同的角度对高质量发展的内涵进行了解读。

（1）从转变发展方式和社会主要矛盾的角度。经济高质量发展是能更好满足人民对美好生活向往所需要的经济发展模式、经济结构和发展动力的状态。林兆木（2018）认为，经济高质量发展能够满足人民对美好生活需要的要求，具体包括商品和服务质量普遍持续提高的发展、投入产出效率和经济效益不断提高的发展等。

（2）从贯彻新发展理念的角度。有学者认为高质量发展是体现新发展理念的发展（杨伟民，2018；任保平，2018）。

（3）从生态可持续的角度。王军（2017）从经济、社会、生态、宏观调控、供给侧结构性改革、防范重大金融风险六个方面解读了高质量发展的内涵。魏杰和汪浩（2018）认为高质量发展是追求效率更高、供给更有效、结构更高端、更绿色可持续及更和谐的增长。

（4）从推动供给侧结构性改革的角度。周跃辉（2018）认为推进供给侧结构性改革是引领经济高质量发展的必然要求。

（5）从提升效率效益的角度。蔡昉（2018）认为经济高质量发展的核心内涵是全要素生产率的提升。刘伟和张立元（2018）认为高质量发展在微观上是要在生产水平上得以提升，在中观上则是要在产业结构上得以优化升级，而在宏观上是要国民经济整体上得以均衡可持续发展。赵剑波等（2019）从宏观、产业、企业三个层面阐释了经济高质量发展，认为高质量发展是更充分更均衡的发展。

2. 经济高质量发展的测度研究

对于经济高质量发展水平的测度，有学者用单一指标进行。例如，张月友等（2018）、龚六堂和林东杰（2020）、李宗显和杨千帆（2021）等采用全要素生产率进行测度。

经济发展质量是一个综合概念，对经济高质量发展水平大多是通过构建综合评价体系的方法来测度的。程虹（2018）认为衡量高质量的标准应当包括提高劳动生产率、全要素生产率、国内生产总值三个经济方面的指标，还应将一些社会发展指标（如人均寿命等）纳入评价体系。任保平（2018）认为高质量发展的标准应从有效性、充分性、协调性、创新性、持续性、平稳性、分享性来判断。杨仁发和杨超（2019）从经济活力、创新效率、绿色发展、人民生活、社会和谐五个维度构建了长江经济带高质量发展评价指标体系。曾浩等（2020）从经济、社会生活、生态环境、科技与教育四个维度构建了长江经济带高质量发展水平评价指标体系。刘佳等（2021）从新发展理念的五个维度构建了经济高质量发展评价指标体系并实际测算了 282 个地级以上城市的经济高质量发展指数。伍中信和陈放（2022）构建了一套包括宏微观一体化的指标，其中微观层面为新发展理念，宏观层面则在新发展理念之外新增了区域质量效益发展维度。王亚男和唐晓彬（2022）从经济发展、创新发展、协调发展、绿色发展、开放水平、民生发展六个维度构建了中国经济高质量发展的指标体系。李鸿飞等（2023）基于新发展理念的视角，从五大发展维度创建了城镇化高质量发展综合评价指标体系，并采用熵权法进行了实际测算。

（三）关于数字经济影响经济高质量发展的研究

1. 数字经济对经济高质量增长的影响

数字经济对经济增长影响的相关研究源于数字技术或服务对经济增长的贡献研究。以 Solow（1987）为代表的学者对 ICT 投资对全要素生产率和经济增长的贡献进行了研究，结果表明其贡献并不显著，即"生产率悖论"（计算机被广泛使用但生产率改进甚微）。有研究认为可以通过计算机使用率和生产率增长的负相关关系判断数字经济发展与生产率的负相关关系（Gullickson and Harper，1999）。学术界对"生产率悖论"的讨论持续至今，首要争议就是这条悖论存在与否。

（1）数字经济及相关技术或服务对全要素生产率作用不明显或存在抑制效应。Aghion 等（2019）认为人工智能技术对全要素生产率增长具有时间滞后性，短期内数字技术不能显著促进全要素生产率的增长。Acemoglu 和 Restrepo（2019）提出自动化和人工智能技术带来过度信息化将导致资源浪费和劳动力错配，间接抑制主要生产率的增长。Bogoviz 等（2019）发现数字经济发展导致一些欧洲国家的劳动生产率降低，其原因可能是数字经济的发展提升了对数字素养的要求，反而短期内抑制了劳动生产率。国内学者对该悖论也进行了研究。也有学者探讨其中可能的抑制因素，金春枝和李伦（2016）从我国地区发展不平衡这一国情的角度进行了探讨，认为我国地区间存在巨大的数字鸿沟，数字资源配置的不均衡加大了地区间发展的差距，制约了欠发达地区的发展。彭继增等（2019）认为发达地区会借助数字化优势，倒吸欠发达地区资源，使部分地区和部分群体难以获得数字红利，这都在一定程度上造成了我国数字经济发展平均水平提高而欠发达地区全要素生产率未得到明显增长。谢莉娟和王晓东（2020）研究发现 ICT 投资对全要素生产率提升具有积极作用，运用面板门限回归模型发现只有互联网普及率提升至一定阶段时 ICT 投资的作用才会显现，但在互联网普及率较高时 ICT 投资对技术进步存在抑制作用，在全要素生产率层面表现为 ICT 投资的促进作用消失。

（2）数字经济及相关技术或服务能显著提高经济效率。Indjikian 和 Siegel（2005）回顾了信息技术对发达国家和发展中国家经济绩效影响的定量和定性研究，并认为发达国家的信息技术与经济绩效间呈现很强的正相关关系，同时信息技术也能够导致劳动力结构和组织结构发生变化。Correa（2006）发现电信行业的发展促进了英国整体经济和大多数部门生产率的提高。汪淼军等（2006）研究表明 ICT 投资能促进企业生产绩效、企业竞争力和创新能力，且 ICT 资本的效率要远高于非 ICT 资本。Lin 等（2013）发现数字金融的发展可以通过降低银企之间的信息不对称来缓解企业的融资约束，从而促进企业创新。Klaslan

等（2017）探讨了信息与通信技术对土耳其制造业劳动生产率增长的影响，同时基于静态和动态面板数据分析的结果表明信息与通信技术资本能够通过提高劳动生产率来提高企业整体生产率，ICT 资本对企业生产率具有积极影响。张景波（2020）基于 2008～2017 年中国 282 个地级以上城市的相关数据的实证研究发现，科技创新对区域经济高质量发展水平具有显著的促进作用。马中东和宁朝山（2020）从效率变革、质量变革与动力变革方面测度了中国省域经济高质量发展水平并在此基础上展开了实证分析，结果表明数字化转型发展水平每提高 1%，经济高质量发展水平提升 0.182%。张凌洁和马立平（2022）利用我国省级面板数据测算发现，数字经济推动了产业升级，进而提高了全要素生产率。杨文溥和曾会峰（2022）发现数字经济对全要素生产率的推动作用主要体现在技术效率上。

（3）对数字经济创造价值的估算不足，低估了数字经济的贡献。Brynjolfsson 和 Hitt（2000）研究发现，美国制造业每年由 ICT 投资所带来的边际生产总值均超过 50%，但由于无法测量产品质量使 ICT 投资带来的贡献被低估。

（4）数字经济对经济增长的影响存在差异。Maneejuk 和 Yamaka（2020）研究发现，同发达国家相比电信技术和创新对发展中国家经济增长的影响更大。Cheng 等（2021）选取 72 个国家的面板数据进行动态 GMM 估计，实证分析发现数字技术的推广可以促进高收入国家的经济增长，但这一推动效应在中低收入国家并不明显。Wang 等（2021）选取中国 2009～2018 年 31 个省份（不含港澳台地区）的数据建立空间杜宾模型并进行了实证分析，研究发现尽管数字技术在促进社会经济发展方面都发挥重要作用，但其空间溢出效应对邻近地区的社会经济发展会产生负面影响并将导致社会整体经济发展不平衡。郑国强和万孟泽（2023）研究发现数字经济主要通过创新驱动效应、创业激励效应及产业升级效应等渠道促进全要素生产率增长，但影响效应仅在东部地区显著，生产效率和经济发展水平越高的城市数字经济的生产率增长效应越明显，进而导致了区域间的生产率鸿沟。

（5）数字经济对提高全要素生产率的作用机制。荆文君和孙宝文（2019）从微观和宏观两个层面讨论了数字经济对经济高质量发展的作用机理。林宏伟和邵培基（2019）发现，理性社会认知、核心技术突破、新型信息基础设施、应用场景、政策指引及营商环境是区块链影响数字经济高质量发展的关键因素。任保平（2020）则提出数字经济引领高质量发展的路径体现在微观、中观、宏观、支持系统和基础条件五个方面。丁志帆（2020）立足"微观—中观—宏观"分析框架探讨了数字经济引领经济高质量发展的内在机理。刘湖等（2020）研究发现，"区块链＋教育"是推进经济高质量发展的重要力量。赵宸宇（2021）认为，企业数字化转型能优化人力资本，促进两业融合，从而提高全要素生产率。葛和平和吴福象（2021）认为，经济高质量发展需要创新的驱动，而数字化转型蕴含创新潜力和发展动能成为经济高质量发展的着力点。梁琦等（2021）认为，数字经济发展对创新质量存在明显的市场化"双门槛"效应，高市场化水平区间内数字经济的发展对创新质量的提升效应更为显著。花俊国等（2022）认为，缓解融资约束是数字化转型提升企业全要素生产率的重要路径。张微微等（2023）认为，创新效率发挥着中介作用。

（6）从企业微观层面研究数字经济对企业效率的影响。刘艳霞（2022）基于2008~2020年的上市公司数据的研究发现了企业数字化转型对企业全要素生产率的影响及其机制。孙鹏等（2023）的研究表明产业数字化转型、融资约束缓解是数字经济政策促进企业全要素生产率提升的两大重要途径。胡德龙和巢文鸣（2023）基于2011~2020年上市公司数据的研究发现，数字经济能够通过提高市场化程度促进区域创新，进而提升企业全要素生产率。

2. 数字经济对经济发展的影响

（1）对资源配置效率的影响。张鹏（2019）从理论和实践层面指出数字经济发展中交易平台、数据平台及智能平台的先后转型与涌现是资源配置过程中不断重构复杂适应性系统的过程，数字化转型是资源配置不断优化的过程。师博（2020）认为数字化技术的应用会缓解公共服务供需不平衡提升公共服务供给质量，资源数字化配置体系有助于减少城市治理的不完全信息，提升公共资源配置满意度。王军等（2023）认为政府的有效治理和数字经济的协同发展能显著提高资源配置效率。李慧泉等（2023）认为数字经济具有显著空间效应，一方面能有效改善本地区的资源错配，另一方面会加剧邻近地区的资源错配。孔令英等（2023）的研究表明数字经济通过缓解劳动力错配促进经济高质量发展的作用机制不成立，数字经济能缓解全国、东部地区和城市群的资源要素错配进而提升经济高质量发展，并形成"涓滴效应"促进周边城市经济高质量发展。

（2）对经济结构的影响。叶胥等（2021）基于2001~2017年中国省际面板数据的实证分析结果表明，数字经济发展对就业结构的影响会跨越式提升。焦帅涛和孙秋碧（2021）的研究表明数字经济发展对产业结构升级具有积极促进作用，且在高城镇化地区和高人力资本地区作用更显著。刘家旗和茹少峰（2022）从供需双重视角验证了数字经济能有效促进产业结构升级，还能推动制造业和服务业内部技术结构的优化，在东部地区的效果更为明显。任保平和张倩（2023）认为数字经济能够通过要素扩展、载体变革和动力创新推进产业链现代化。

（3）对收入分配的影响。汤云凯和邓汉慧（2023）认为数字经济能显著正向影响共同富裕，改善就业环境、增加劳动报酬、提高就业能力、提升产业全要素生产率是数字经济影响共同富裕的渠道。邢怀振和苏群（2023）的研究表明，数字经济发展水平对城乡收入差距、城乡工资性收入差距的影响均为倒"U"形。赵南和陈世坤（2023）认为，使用互联网会提高各级劳动力收入，但对高技能劳动力收入的影响效应更大，也就是说会扩大高技能劳动力和低技能劳动力的收入差距。

（4）对经济系统的影响。付晓东（2020）指出数字生产力革命正在世界范围内推动社会生产方式数字化转型，对整个经济体系进行渗透和重构并且已经改变着、冲击着既有的经济运行方式、活动规则和经济发展方式。聂娜（2021）指出，数据要素能够触发经济发展的新动能，创造就业的新空间，提供生产要素供给新方式及根植新的消费市场；一方面数字经济通过"技术—经济"范式正在对我国的技术创新体系、生产方式、消费理念和社会形态产生深远影响，另一方面数据驱动型创新的价值观念正在逐步向社会生活的各个领域全面渗透和扩展。韩璐等（2021）指出数字经济能够显著提升城市创新能力，对创新能力越高的城市数字经济的赋能作用越显著。

（四）研究评述

从数字经济规模或水平方面的文献来看，数字经济规模的核算方法有很多，特别是不同的国家根据自身实际情况设定了不同的统计标准，所以国际上对数字经济规模的核算口径不一致。我国很多学者对数字经济规模的核算方法有广泛研究，国家统计局发布的《数字经济及其核心产业统计分类（2021）》，对数字经济规模的核算研究提供了指导。但从研究的角度来看，绝大部分都是构建数字经济发展指数对省份的数字经济发展水平进行综合评价，但由于研究目标和评价的范围不一致（有的是省级层面，有的是市级层面，省级层面的居多），导致评价体系和评价方法存在很大差异，数字经济发展水平的测度尚无一个公认的指标体系。

国内很多学者从不同的角度界定了经济高质量发展的概念，对于经济高质量发展大多通过构建评价体系的方法来测度，和数字经济发展水平测度一样，目前还没有一个公认的指标体系。从数字经济对经济社会发展的影响的文献来看，现有文献主要聚焦数字经济对商业模式、企业发展及宏观经济的影响。学界普遍认为数字经济发展能带来经济增长和效率提升，但从企业经济高质量发展的视角展开研究的文献并不是很多，大多数文献从管理学的角度论证企业数字化转型是适应当今数字经济时代的必然选择，将企业如何实现数字化转型或在数字经济时代如何调整商业模式作为研究选题。在宏观层面开展研究的文献较多，起初是讨论"生产率悖论"是否存在，有的认为存在，有的认为不存在，还有的认为促进经济增长存在门槛效应。近几年的文献大多讨论数字经济对经济增长的作用机制。

综上所述，国内外学者对数字经济与经济增长或经济效率的研究较为广泛。但现有研究可能存在以下两个不足：

其一，对数字经济影响经济高质量发展的传导机制和约束机制的理论研究尚不充分，与中国特色社会主义政治经济学系统化理论结合得不够充分。

其二，从市场化的角度分析数字经济对微观企业和宏观经济高质量发展的影响的文献较少，数字经济、市场化和高质量发展的研究缺乏系统性。基于此，本书对数字经济对经济高质量发展的影响效应和作用机制进行系统的梳理、归纳和总结，进一步分析数字经济对企业经济高质量发展和宏观经济高质量发展的作用机制并进行实证研究，同时从数字经济影响经济高质量发展的重点领域这一侧面论述数字经济对经济高质量发展的影响，为理论发展和政策建立提供理论支撑和经验证据。

三、研究内容与研究方法

（一）研究内容

本书共分为八章。第一章为绪论，主要从数字经济的内涵与测度、经济高质量发展的内涵与测度、数字经济影响经济高质量发展的三个主题进行了文献综述，介绍了研究思路和方法，总结了研究创新之处。第二章为经济高质量发展的提出背景、实现路径和制约因素，主要基于经济增长动力的演变过程和经济发展观的演变过程分析了经济高质量发展的理论基础，基于我国经济发展的实际情况分析了经济高质量发展的现实背景和时代要求，从企业经济高质量发展、宏观经济高质量发展、社会主义市场经济体制、供给侧结构性改革和乡村振兴五个角度论述了我国经济高质量发展的路径，为后续的实证分析提供了分析框架。第三章为数字经济促进经济高质量发展的理论分析，主要分析了数字经济促进经济高质量发展的三个效应（溢出效应、协同效应、长尾效应），从企业经济高质量发展和宏观经济高质量发展两个层面分析了数字经济促进经济高质量发展的直接作用机理和间接作用机理（市场化视角）。第四章为数字经济发展现状与发展水平测度，主要就数字化生产方式展开了分析，从数字经济基础设施建设、数字产业化、产业数字化三个维度构建了我国数字经济发展水平的评价体系，并实际测算了地级市 2010~2020 年的数字经济发展水平。第五章为数字经济对企业经济高质量发展影响的实证研究，构建经济计量模型实证分析数字经济发展水平对企业经济高质量发展的影响，从企业所有权、所属产业、所处城市行政级别三个方面进行了异质性分析，从全社会市场化指数、创新指数、企业劳动投资效率三个方面进行了机制分析。第六章为数字经济对宏观经济高质量发展影响的实证研究，构建经济计量模型实证分析数字经济发展水平对宏观经济高质量发展的影响，从市场化程度和经济发展水平两个方面进行了异质性分析，从新发展理念五个维度的发展情况和市场化水平的角度进行了机制分析，验证了数字经济发展能显著推动宏观经济高质量发展及其市场化机制。第七章为数字经济对高质量发展重点领域影响的实证研究，通过理论分析得出数字经济在健全市场化机制、驱动产业结构优化升级、推动乡村振兴三个重点领域具有赋能作用，构建面板向量自回归模型（PVAR 模型）实证分析得出数字经济发展对市场化水平、产业结构优化升级、乡村振兴具有显著的赋能作用。第八章为研究结论、政策建议和研究展望。

　　本书的技术路线如图 1-1 所示。

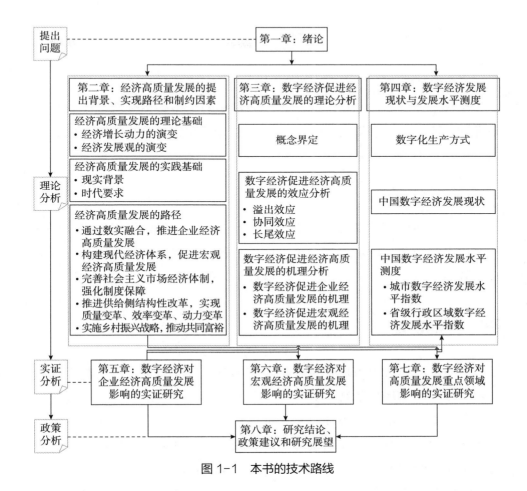

图 1-1　本书的技术路线

（二）研究方法

从总体上说，本书遵循辩证统一和唯物史观的思维方法，采用规范分析与实证分析相结合、定性分析与定量分析相结合的研究方法。

1. 综合评价法

通过构建评价指标体系对数字经济发展水平、高质量发展水平、市场化水平等综合性指标进行量化综合评价，各指标的权重设置采用熵值法或定性和定量相结合的方法确定。

2. 比较分析法

在数字经济发展水平、高质量发展水平两个核心指标上基于省级数据进行了比较分析和聚类分析，通过比较分析和聚类分析能够全面准确地了解各省份的发展水平。

3. 经济计量法

构建经济计量模型实证分析了数字经济发展水平对微观经济高质量发展、宏观经济高质量发展两个方面的直接影响和高质量发展的三个重点领域的间接影响，为提出可行的政策建议提供基础。

四、创新之处

第一，本书认为市场化是数字经济影响经济高质量发展的重要机制机制，着重从市场化的视角分析了数字经济发展影响市场化水平进而影响高质量发展的机制。以往研究文献更多仅从微观企业或宏观经济的视角研究数字经济对经济高质量发展的影响，鲜有学者从市场化的视角把微观企业和宏观经济两个方面结合起来。本书创新性地基于宏观经济和微观经济两个方面研究数字经济如何影响经济高质量发展，并以市场化的视角从理论和实证两个方面研究了数字经济影响经济高质量发展的机制。

第二，本书提出了数字经济促进经济高质量发展的五条路径，构建了数字经济对经济高质量发展影响的理论分析框架。本书创新性地构建了数字经济对经济高质量发展影响的理论分析框架，并提出了经济高质量发展的五条路径：一是通过数实融合推进企业经济高质量发展；二是构建现代经济体系促进宏观经济高质量发展；三是完善社会主义市场经济体制，强化制度保障；四是推进供给侧结构性改革，实现质量变革、效率变革和动力变革；五是实施乡村振兴战略推动共同富裕。同时，通过实证研究检验数字经济对微观企业经济高质量发展和宏观经济高质量发展的直接影响和间接影响，即实证检验了数字经济对经济高质量发展的直接影响，以及数字经济如何通过健全市场化机制、驱动产业结构优化升级和推进乡村振兴对经济高质量发展的间接影响。

第三，本书构建了数字经济发展水平和经济高质量发展水平等指标的评价体系，并测算了我国相关指标。对微观层面企业经济高质量发展的指标，将采用 LP 方法测算出的全要素生产率表征企业经济高质量发展的指标；对数字经济发展水平，在地级市层面数据可得性的基础上从数字化基础设施、数字产业化、产业数字化三个维度构建地级市层面数字经济发展水平指标体系并进行了实际测算；从新发展理念的五个维度测算了宏观经济高质量发展水平。

2

第二章

经济高质量发展的提出
背景、实现路径和制约因素

高质量发展，是能够很好满足人民日益增长的美好生活需要的发展，是体现新发展理念的发展。增长的动力是经济学领域研究的一项重要议题。发展与增长是辩证统一关系，增长与发展的关系大致经历了五个发展阶段，我国的经济发展理念也大致经历了五个发展阶段。本章对我国经济高质量发展提出的理论基础和实践基础进行了分析，并进一步分析了我国经济高质量发展的五条实现路径和五个方面的制约因素，为后续的实证研究提供理论基础。

一、经济高质量发展的内涵

党的十九届五中全会指出，我国已转向高质量发展阶段。转向高质量发展意味着不仅增长速度要从高速转向中高速，而且发展方式要从规模速度型转向质量效益型；不仅经济结构调整要从增量扩能为主转向调整存量、做优增量并举，而且发展动力要从主要依靠资源和低成本劳动力等要素投入转向创新驱动。

高质量发展，就是从"有没有"转向"好不好"。习近平总书记指出："高质量发展，就是能够很好满足人民日益增长的美好生活需要的发展，是体现新发展理念的发展，是创新成为第一动力、协调成为内生特点、绿色成为普遍形态、开放成为必由之路、共享成为根本目的的发展。"从供给来看，高质量发展应该实现产业体系较为完整，生产组织方式网络化、智能化，创新力、需求捕捉力、品牌影响力、核心竞争力强，产品和服务质量高。从需求来看，高质量发展应不断满足人民群众个性化、多样化并不断升级的需求，这种需求引领供给体系和结构的变革，而供给变革又不断催生新的需求。从投入产出来看，高质量发展应该不断提高劳动效率、资本效率、土地效率、资源效率、环境效率，不断提升科技进步贡献率，不断提高全要素生产率。从分配来看，高质量发展应该实现投资有回报、企业有利润、员工有收入、政府有税收，并且充分反映各自按市场评价的贡献。从宏观经济循环来看，高质量发展应该实现生产、流通、分配、消费循环通畅，国民经济重大比例关系和空间布局比较合理，经济发展较为平稳，不出现大的起落。

高质量发展理论可以追溯到马克思提出的"人的自由全面发展"的思想，马克思认为，人是社会的生产者和创造者，全面发展既包含了物质生活水平的提高，又包括精神生活的追求和自我价值的实现，全面发展是自由发展的前提条件。从生产力和生产关系、经济基础和上层建筑的辩证关系出发，人的全面发展必然要求日益深厚的物质积累，必然要求良好的生态环境，必然要求对更美好生活的向往，必然要求政治文明，对经济社会高质量发展的要求便应运而生。高质量发展为人的自由全面发展提供充分的经济基础和全方位的保障，离开了高质量发展，人的自由全面发展必将陷于空谈。

经济高质量发展的内涵非常丰富，涉及经济的各个环节、各个领域。参考本书的研究目标，微观企业视角的经济高质量发展水平用企业全要素生产率进行表征；基于数据可获得性，在宏观经济层面则从市场化程度、产业结构合理化和高级化、乡村振兴几个方面进行系统分析；在实证过程中则从新发展理念的角度构建指标体系对经济高质量发展水平进行综合评价。

二、经济高质量发展的理论基础

对"经济高质量发展"的探讨离不开对"经济增长"和"经济发展"两个概念的研究。经济增长是经济发展的主要方面，经济发展是对经济增长内涵的拓展与深化。

（一）经济增长动力的演变

经济增长问题一直是经济学家关注的经济理论热点之一。所谓经济增长，是指一个国家在一定时期内生产的产品和劳务总量的增加，一般用国民生产总值（GNP）或国内生产总值（GDP）的增加或增长率来表示，但考虑到人口增加和价格变动因素的影响，又可把实际人均国民生产总值的增加作为经济增长的衡量标准。

1. 古典经济增长思想：资本积累和劳动分工

对经济增长的研究主要是围绕经济增长源泉进行的。古典经济学认为经济增长产生于资本积累和劳动分工的相互作用。在考察农业生产占主导地位的经济发展时难以察觉到人力资本和技术进步的作用。无论是古典经济学还是新古典经济学都有其时代性和局限性，对现代经济发展的一些现象两者均无法解释，还需探索一种新的理论来解释现代经济发展现象。

1776年，古典经济学的鼻祖亚当·斯密（Adam Smith）认为增加国民财富的途径主要有两种：一是提高劳动效率，二是资本积累。劳动效率的提高主要取决于劳动分工，分工能极大提升劳动生产力，但是影响分工的重要因素之一是资本。亚当·斯密认为资本是积蓄起来的资产用于生财的那一部分，而这一部分，又成为分工实现的必要条件，他还把资本分为流动资本和固定资本。他当时认为在各种资本用途中，农业投资最有利于社会。

1821年，古典经济学的集大成者大卫·李嘉图（David Ricardo）继承并发展了亚当·斯密的劳动价值学说，认为只有人的劳动才是价值的唯一源泉。人的劳动可以分为劳动数量和劳动质量，大卫·李嘉图认为劳动质量的提高才是增加社会财富的关键。他还试图证明利润增长决定资本积累，资本积累决定生产的发展。他在考察了工资、利润和地租的关系、变动规律及影响这些分配比例变量的外部因素后，认为长期的经济增长趋势在收益递减规律的作用下会因最终资本积累的停止而停止。因此，大卫·李嘉图的经济增长理论也被称为停滞状态的经济增长理论。

2. 马克思主义经济学：科学技术

马克思将黑格尔（Hegel）的辩证法与唯物论结合起来创立了历史唯物主义理论。他认为，在每个历史时期，占主导地位的生产方式或生产力都会产生一套支持它们的生产关系。但生产的物质力量（科学技术、劳动技能）是动态的，是不断发展变化的。马克思认为历史是一个静态的生产关系与动态的生产力相互斗争的过程，其斗争的结果就是旧体制的变革，产生了允许生产力进一步发展的新的生产关系，在新的生产关系下生产力水平更高，经济增长更有效率。

马克思主义经济学认为科学技术是第一生产力，即科学技术运用于生产，体现在劳动者技能的提高和生产资料的创新与改进上，便成为现实的生产力。生产力所包含的人的因素和物的因素都与一定的科学技术密切相关。科学技术的发展和在生产领域的广泛应用，使其日益渗透到劳动者、劳动资料和劳动对象中，使劳动者的生产技术水平不断提高，引起劳动资料特别是生产工具的不断改进，促进劳动对象质量的提高和数量、品种的增加，并引起生产过程的其他方面，如生产管理、工艺流程等发生变化，从而极大促进生产力的发展。

党的二十大报告指出，必须坚持科技是第一生产力、人才是第一资源、创新是第一动力，深入实施科教兴国战略、人才强国战略、创新驱动发展战略，开辟发展新领域新赛道，不断塑造发展新动能新优势。此外，随着信息化革命的不断深入，知识、信息、数据等日益成为重要的生产要素。

3. 新古典经济学关于经济增长的理论：资本、劳动、土地和组织

1890年马歇尔（Marshall）《经济学原理》的出版，标志着新古典经济学的成形，这本著作也一直被资产阶级经济学界视为"划时代的著作"。马歇尔的理论既继承了古典学派的经济自由主义传统，又以供求论为媒介，吸收了边际效用论、生产费用论、边际生产力论等新旧庸俗理论，使传统的经济学成为一个经过"新理论"改造的折中主义经济学

体系，被称为新古典经济学。

马歇尔认为经济增长的生产要素有四个：资本、劳动、土地和组织。马歇尔十分重视资本积累对经济发展的作用。他认为，生产超过消费的剩余，是资本积累的源泉。随着资本积累的增加，生产物超过生产必需品的剩余就会增加，就有了储蓄的能力，就可以积累更多的资本，资本积累和财富增长是相互促进的。

马歇尔还强调劳动的数量和质量对经济发展的重要作用。他认为，劳动力数量的增加和效率的提高，取决于现有人口数量和效率、各个阶层的实际总收入量、收入分配的公平程度、家庭的爱心、牺牲眼前享受以换取将来享受的意愿、现有生产技术报酬的大小及教育等因素。他在论述劳动的质量时主张必须考虑工人身体的、精神的和道德的健康与强健所依靠的各种条件。这些条件是工业效率的基础，决定着财富的生产，而明智地使用物质财富又能增进人类在各方面的健康与强壮。

马歇尔还阐述了教育对提高劳动者素质的重大作用，认为应把教育作为国家的投资。这既可使大多数人的潜在才能得以发挥，又能培养出若干天才，从而获取巨大的经济价值。

此外，马歇尔也很重视科学技术对生产的促进作用。他指出，科学知识是整个文明的财产，是世界的财富，是我们"最有力的生产动力，它使我们能够征服自然，并迫使自然满足我们的欲望"。[①] 他认为，在现代存在报酬递减、不变和递增三种倾向，而科学技术在生产中的运用几近阻止了报酬递减的倾向。

哈罗德、多马、索洛等经济学家通过构建经济增长的数学化模型分析经济增长动力。索洛模型的结论是人均产出的增长源于人均资本存量的增加和技术进步，只有技术进步才能导致人均产出的长期增长，但技术进步是外生的。

---

① 宋承先.西方经济学名著提要［M］.南昌：江西人民出版社，2001：307-308.

4. 内生增长理论：内生的技术进步

内生增长理论是产生于 20 世纪 80 年代中期的一个西方宏观经济理论分支，其核心思想是认为经济能够不依赖外力推动实现持续增长，内生的技术进步是保证经济持续增长的决定因素，强调不完全竞争和收益递增。内生增长模型是一种揭示经济增长动力的理论框架，探究经济增长的内在机制。

Lucas（1988）将人力资本内生化，认为只有专业化的人力资本才是经济增长的真正源泉。Romer（1990）建立了一个包括研究与开发、中间产品和最终产品三部门的增长模型，由于知识具有非排他性，具有"溢出效应"。此后涌现了一大批研究成果，这些成果实质是将知识等非实体要素的递增效应固定在实体要素上。Pessoa（2010）发现了 R&D 外部性对经济增长的国别差异，研发和知识扩散的外部性大小取决于对产权的保护。杨俊等（2022）将大数据作为生产要素，在"创造性破坏"理论框架下构建了一个多部门的熊彼特质量阶梯模型，阐释了大数据通过"乘数作用"和"研发模式转型"驱动技术进步，进而影响经济增长的路径与机制。

内生增长理论揭示了决定现代经济增长的主要因素，开辟了现代经济学的重要研究方向。自 20 世纪中叶起，世界各国都致力发展经济。一些西方国家出现了经济增长的"余值"。20 世纪 80 年代以来的高科技革命，尤其是信息技术、数字技术的迅速发展，改变了工业经济发展模式，经济实践表明世界经济目前正处于由工业经济向数字化转型的过程。在这一背景下，一国经济长期且持续的增长取决于人的知识化、生产的数字化和经济的数字化。新增长理论认为影响经济增长的因素除物质资本和劳动力外，还存在一些主要的内生因素，如人力资本、技术进步、大数据等，这些内生因素是决定现代经济增长的重要因素。其理论意义是认为一国经济健康持续发展的最终源泉是内生动力。各国经济增长率的差别和收入水平的差异源自各国对人力资本、技术进步、数据要素的不同激励。内生增长理论的观点有助于我们更深刻地认识到我国实现数字化转型的必要性和紧迫性。

从实证研究来看，内生增长分析主要沿着两条技术路线进行：一是进行国别间的横向研究，寻找内生增长证据。二是对某一国家进行纵向研究，寻找一国的经济增长因素；或者单独讨论创新、对外开放等某个具体因素对经济增长的作用。从现有文献来看，第二条技术路线的研究较多，代表性成果有《开放、生产率与增长》（Edwards，1998）、《税收与经济增长》（Myles，2020）、《人口增长、技术应用与经济产出》（Beaudry and Green，2002）、《代际冲突、人力资本积累与经济增长》（Holtz-Eakin et al.，2020）等。但从总体上看，许多内生增长理论的经验分析仍然与旧的全要素生产率分析方法相似，只是更广泛地解释了投入要素（Fine，2000）。

内生增长模型具有三个优势：一是通过对经济增长的内部机制进行分析揭示经济增长的真正动力。二是突出创新对经济增长的重要性。三是具有较强的政策指向性。

（二）经济发展观的演变

发展观是关于发展的内涵、本质、目的和要求的总体看法与根本观点。随着发展经济学理论和经济思想的演变及经济发展环境的变化，经济发展观有了很大进步。

1. 现代经济发展观的演变

从现代经济发展理论与世界经济发展实际来看，现代经济发展观大致经历了五个阶段。

（1）发展等同于增长的发展观：经济发展＝经济增长。20世纪40年代末至60年代初，发展几乎总是被视为一种经济现象，即迅速取得总量和人均GNP的增长，GNP甚至成为衡量发展的唯一标准。学者们普遍认为"增长能解决一切"，把发展都集中在经济数量的扩张上。在这一时期经济发展与经济增长基本等同，其很多时候是相互替代使用的。

这一阶段非常重视资本积累和工业化，以致形成"唯工业化论"。在这一方面，主要的发展思想有罗斯托（Rostow）的"起飞"理论、主导部门理论和积累理论等。他认为，工业化是发展的前提，"起飞"是工业化发展的关键，它又靠主导部门的发展来实现，而这一切都由资本积累和投资推动，为此要把投资率提高到国民生产总值的 10% 以上。

（2）发展包含经济增长和结构变化的发展观：经济发展＝经济增长＋结构调整。不发达国家存在的不仅仅是增长的问题，还有发展的问题。经济发展除包含人均国内生产总值的增加外，还包括更广泛的生产结构、产业结构、产品结构、居民生活水平、收入分配结构的变化。

（3）发展包含经济发展和社会发展的发展观：发展＝经济发展＋社会发展。初期的发展经济学以促进经济增长为主要目标，结果出现了"贫困的发展"，即虽然经济产出增长了，但出现了分配不均、失业率上升、贫困化趋于恶化的现象。于是从 20 世纪 70 年代起，经济发展观强调通过经济发展促进社会发展，即提高生活质量，进一步消除贫困，实现社会公平。主要表现在三个方面：一是实行以就业为中心的发展战略；二是实行增长中的再分配战略；三是实行基本需求战略，按照斯特里顿（Streeten）的定义，就是从提供人类个性全面发展的物质的、精神的及社会发展机会这一目标出发，最后达到这些目的。实行这一发展战略的目的，是消除因基本生活资料和服务匮乏而导致的贫困。

（4）发展强调生态环境问题的可持续发展观：发展＝经济发展＋社会发展＋可持续发展。自 20 世纪中叶以来，由于人口过度增长、工业化生产迅猛发展，经济建设规模空前扩大，自然资源过度开发与消耗，废水、废气、废渣大量排放，资源耗竭和环境污染问题也被摆到极其重要的位置。

面对全球严重的环境问题，1972 年英国经济学家沃德（Ward）和美国微生物学家杜博斯（Dubos）合著的《只有一个地球》一书引发了轰动。同年，联合国在瑞典斯德哥尔摩召开了第一次人类环境会议，通过了《人类环境宣言》，引起了各国政府的高度重视。1987年，联合国环境与发展委员会强调可持续发展是一个变化过程，使资源利用、投资方向、技术发展导向及体制变化相互协调，既满足当代人需要，又不对后世满足其需要的能力构成危害。1992年在巴西里约热内卢召开了联合国环境与发展大会，通过了《里约环境与发展宣言》等文件，使人类进入注重保护生态、防止环境污染、促进人与自然和谐、实现可持续发展的历史新阶段。

由于发展受到经济、社会、生态三个方面因素的制约，因此发展的过程要持续下去，这三个方面系统的结构就不能失去动态平衡。

（5）发展应注重人类的自身发展的发展观：发展＝经济发展＋社会发展＋可持续发展＋人类发展。20世纪90年代，发展的内涵进一步扩大，除经济增长、收入分配公平、环境的改善等内容外，还特别强调人的自身发展。"人的全面发展"才是人类社会发展的根本目标和核心价值趋向。

联合国开发计划署（United Nations Development Programme，UNDP）1990年首次提出了"人类发展"的概念，认为经济的发展只是手段，而人类自身发展才是目的，其主要包括充分就业和生活安全、人民自由和权利的增加、公平分配、促进社会凝聚力和合作、维护人类未来的发展五个方面。"人类发展"包含的要素可概括为生产率（必须使人们能够增加生产率）、公正（人们必须获得平等的机会）、持续性（必须保证每代都能得到发展）、核心价值（发展必须为人类而进行）。1996年的《人类发展报告》中，UNDP列举了五种有增长而无发展的情况：无工作的增长（没有足够多的就业）、无声的增长（没有充分的民主与自由）、无情的增长（收益分配不公）、无根的增长（没有传统文化）、无未来的增长（资源耗竭、环境恶化），进一步阐明了"人类发展"的深刻内涵。

从单纯追求经济增长到强调以人为本的全面发展，是人类对发展本质认识的不断深化的过程，也是推动人类不断发展、历史不断前进的过程。

2. 中国共产党经济发展观的演变

回望百年，中国共产党的历史就是一部以马克思主义发展观为指导，探寻什么是发展、为什么要发展、怎样发展的历史。人民性是马克思主义最鲜明的品格，为人民谋利益是马克思主义政党同其他政党的根本区别。习近平总书记指出，"坚持以人民为中心的发展思想。发展为了人民，这是马克思主义政治经济学的根本立场……把增进人民福祉、促进人的全面发展、朝着共同富裕方向稳步前进作为经济发展的出发点和落脚点……部署经济工作、制定经济政策、推动经济发展都要牢牢坚持这个根本立场"。[①]

（1）"统筹兼顾、综合平衡"的发展思想。毛泽东同志指出，"我们的根本任务已经由解放生产力变为在新的生产关系下面保护和发展生产力"。[②] 1956年4月，毛泽东同志在中央政治局扩大会议上作《论十大关系》的讲话，《论十大关系》提出的基本方针是"我们一定要努力把党内党外、国内国外的一切积极的因素，直接的、间接的积极因素，全部调动起来，把我国建设成为一个强大的社会主义国家"。这是毛泽东同志关于怎样建设社会主义的根本指导思想。

1956年，党的八大报告指出国内的主要矛盾已经是人民对于建立先进的工业国的要求同落后的农业国的现实之间的矛盾，已经是人民对于经济文化迅速发展的需要同当前经济文化不能满足人民需要的状况之间的矛盾。党和人民当前的主要任务，就是集中力量解决这个矛盾，把我国尽快从落后的农业国变成先进的工业国。为尽快恢复国民经济，打破西方的经济封锁，凸显社会主义国家的优势，不得不尽快发展经济。为此，毛泽东同志十分重视经济发展的速度。在强调发展速度的同时，统筹兼顾和综合平衡是毛泽东思想的一个重要特征。统筹兼顾思想在实际中表现为统筹兼顾，适当安排；统筹兼顾，协调发展；统筹兼顾，平衡布

---

① 中共中央文献研究室. 十八大以来重要文献选编：下 [M]. 北京：中央文献出版社，2018：4.

② 中共中央党史和文献研究院. 中国共产党简史 [M]. 北京：人民出版社，2021：191.

局；统筹兼顾，各得其所；统筹兼顾，适当分权等具体方针和政策。例如，要统筹兼顾，正确处理农轻重的比例关系，同时实现比例、速度和效益的统一，使整个国民经济协调发展。又如，中央和地方的权力必须适当划分，毛泽东说"我们的国家这样大，人口这样多，情况这样复杂，有中央和地方两个积极性，比只有一个积极性好得多"，要统筹兼顾，赋予地方更多、更大的自主权，才能发挥地方的积极性。国民经济综合平衡发展也是毛泽东同志创造性地提出来的，并系统地进行了论述。毛泽东同志多次强调，在整个国民经济中，平衡是个根本问题；没有全国的平衡，就会天下大乱；"搞社会主义建设，很重要的一个问题是综合平衡"。

（2）"两手抓、两手都要硬"的发展思想。改革开放后，邓小平同志针对新时期的新情况新问题，指出现代化建设的任务是多方面的，各个方面需要综合平衡，不能单打一，提出了一系列"两手抓"的战略方针。1980年12月，邓小平同志在中央工作会议上指出，"我们要建设的社会主义国家，不但要有高度的物质文明，而且要有高度的精神文明"。"两手抓、两手都要硬"，是邓小平同志的一个重要的发展战略。邓小平同志认为，为了建设现代化的社会主义强国，任务很多，需要做的事情很多，各种任务之间又有相互依存的关系，不能顾此失彼，不能单打一，各个方面需要综合平衡。在谋划发展的过程中，邓小平同志总是强调"两手抓、两手都要硬"。一手抓经济建设，一手抓精神文明；一手抓改革开放，一手抓反腐败；一手抓民主，一手抓法制等。总之，邓小平同志强调要有两手，而不是一手，"任何一只手削弱都不行"。"两手抓"的思想，实际上就是要反对片面性，强调全面性，反对以一种偏向掩盖另一种偏向。邓小平同志十分强调在工作中要"按辩证法办事"，"两手抓"的思想，就生动体现了马克思主义的辩证法，反映了邓小平同志思维的辩证性。坚持"两手抓、两手都要硬"，成为我们党推进改革开放和社会主义现代化建设的一个根本方针。

（3）可持续发展思想。长期以来，我国经济增长速度较快，但在资源环境等方面付出了很大代价。为了扭转这种状况，江泽民同志指出，要实行两个具有全局意义的根本性转变，一是经济体制要从计划经济体制向社会主义市场经济体制转变，二是经济增长方式要从粗放型向集约型转变。这个重要论断，是对我国社会主义经济建设理论作出的重大贡献，对促进经济社会全面协调可持续发展具有深远的指导意义。转变经济增长方式，要调整和优化产业结构，以市场为导向，以技术为支撑，形成高新技术产业为先导、基础产业和制造业为支撑、服务业全面发展的产业格局。转变经济增长方式，要把工业化与信息化结合起来，坚持以信息化带动工业化，以工业化促进信息化，努力走出一条科技含量高、经济效益好、资源消耗低、环境污染少、人力资源优势得到充分发挥的新型工业化路子。

转变经济增长方式，要深入实施可持续发展战略，坚持做好人口和计划生育工作，不断提高资源节约、保护和合理利用水平，加大环境保护和生态建设力度，促进人与自然和谐相处。江泽民同志发表的《正确处理社会主义现代化建设中的若干重大关系》强调："在现代化建设中，必须把实现可持续发展作为一个重大战略。要把控制人口、节约资源、保护环境放到重要位置，使人口增长与社会生产力的发展相适应，使经济建设与资源、环境相协调，实现良性循环……必须切实保护资源和环境，不仅要安排好当前的发展，还要为子孙后代着想，决不能吃祖宗饭，断子孙路，走浪费资源和先污染、后治理的路子。"

江泽民同志还指出，发展必须坚持以经济建设为中心，集中精力把国民经济搞上去，用发展的办法解决前进中的问题，保持较快的、有质量有效益的发展速度。

（4）科学发展观。2003年10月，党的十六届三中全会通过了《中共中央关于完善社会主义市场经济体制若干问题的决定》，第一次在党的正式文件中完整提出了科学发展观，要求"坚持以人为本，树立全面、协调、可持续的发展观，促进经济社会和人的全面发展"。至此，科学发展观作为一个重大战略思想初步形成。2007年10月，党的十七大对科学发展观的科学内涵、精神实质、根本要求进行了全面系统深入的阐述，强调"科学发展观，第一要义是发展，核心是以人为本，基本要求是全面协调可持续，根本方法是统筹兼顾"，并把深入贯彻落实科学发展观写入党章，同马克思列宁主义、毛泽东思想、邓小平理论、"三个代表"重要思想共同确立为党的行动指南。2007年，胡锦涛同志强调，科学发展、社会和谐，是发展中国特色社会主义的基本要求，是实现经济社会又好又快发展的内在需要，必须坚定不移地加以落实。

加快经济发展方式转变是我国经济领域的一场深刻变革，关系改革开放和社会主义现代化建设全局。全党全国必须增强主动性、紧迫感、责任感，深化认识，统一思想，加强规划引导，突出战略重点，明确主要任务，兼顾当前和长远，处理好速度和效益、局部和整体的关系，调动各方面积极性，推动经济发展方式转变不断取得扎扎实实的成效。科学发展观，是中国共产党对社会主义市场经济条件下经济社会发展规律在认识上的重要升华，是中国共产党执政理念的一个飞跃。

（5）新发展理念。党的十八大以来，我们党对经济形势进行科学判断，对经济社会发展提出了许多重大理论和理念，对发展理念和思路作出及时调整，其中新发展理念是最重要、最主要的。新发展理念是一个系统的理论体系，回答了关于发展的目的、动力、方式、路径等一系列理论和实践问题，阐明了我们党关于发展的政治立场、价值导向、发展模式、发展道路等重大政治问题，集中体现了我们党对新的发展阶段基本特征的深刻洞察和科学把握，标志着我们党对经济社会发展规律的认识达到了新的高度。

创新是引领发展的第一动力，创新发展注重的是解决发展动力问题。协调是持续健康发展的内在要求，协调发展注重的是解决发展不平衡的问题。绿色是永续发展的必要条件和人民对美好生活追求的重要体现，绿色发展注重的是解决人与自然和谐共生的问题。开放是国家繁荣发展的必由之路，开放发展注重的是解决发展内外联动的问题。共享是中国特色社会主义的本质要求，共享发展的实质就是坚持以人民为中心的发展思想，体现的是逐步实现共同富裕的要求。

三、经济高质量发展的实践基础

马克思主义认为，社会主要矛盾反映了社会发展的动力和方向，是推动社会变革和发展的根本矛盾。社会主要矛盾的变化，标志着社会发展的转折和社会进入新的发展阶段。随着中国经济的快速发展和社会的进步，人民对美好生活的需求日益增长，社会主要矛盾也随之发生了转变。在新时代，中国社会的主要矛盾已经由过去的"人民日益增长的物质文化需要同落后的社会生产之间的矛盾"转变为"人民日益增长的美好生活需要和不平衡不充分的发展之间的矛盾"。这一转变意味着，经济发展不能仅追求速度和规模，还要更加注重质量和效益，以满足人民日益增长的美好生活需要，也意味着中国已经进入了全面建设社会主义现代化国家的新阶段，为实现经济高质量发展提供了新的历史机遇。

（一）经济高质量发展的现实背景

随着中国经济的发展，社会主要矛盾也发生了转变。过去几十年，中国经济取得了长足的进步，人民生活水平显著提高，但同时也暴露出一系列问题和挑战。当前，中国正面临着经济结构调整、产业升级、环境保护等方面的压力，而解决这些问题的关键在于推动经济高质量发展。

1. 经济发展阶段的转变

中国经济发展经历了从高速增长到中高速增长再到高质量发展的阶段转变。过去几十年，中国经济以高速增长为特征，但这种高速增长模式已经面临瓶颈。

（1）中国面临的资源环境压力与日俱增。随着经济的快速发展和人口的增长，资源的需求量不断增加，导致资源的供给不足和环境的恶化。例如，能源需求的增长导致了能源短缺和环境污染问题，水资源的过度开发导致了水污染和水资源短缺等。为了实现可持续发展，中国政府采取了一系列措施推动绿色发展，如加强环境保护、推动节能减排等。然而，这些措施需要长期的坚持和持续的投入，才能在资源环境方面取得实质性的改善。

（2）中国的产业结构亟待优化升级。过去几十年，中国经济主要依靠低成本劳动力和资源密集型产业驱动增长。然而，这种发展模式已经遭遇挑战。一方面，劳动力成本的上升使低附加值的制造业难以维持竞争力；另一方面，资源价格的上涨和环保要求的加强使传统高耗能、高污染产业难以持续发展。因此，中国经济需要加快转型升级，培育新的经济增长点，包括加快发展新兴产业、提高技术创新能力、推动服务业发展等。

（3）经济增长质量有待提高。长期以来，中国经济以高速增长为主导，但经济增长的质量并不高。一些地方和企业为追求短期利益而忽视环境保护和社会公平，导致资源浪费。此外，中国经济还存在一些结构性矛盾，如城乡发展不平衡、地区发展差异大等。为实现高质量发展，中国政府正在推动供给侧结构性改革，加大对创新驱动、绿色发展等领域的支持力度，同时加强监管力度，打击违法违规行为，促进公平竞争和市场秩序的恢复。

2. 供给侧结构性改革的推动

供给侧结构性改革是中国经济高质量发展的重要抓手。过去几年，中国政府提出了一系列改革举措，旨在优化供给结构、提高供给质量、增强供给能力。

（1）优化供给侧结构是中国经济高质量发展的重要任务之一。过去几十年，中国经济主要依靠低成本劳动力和资源密集型产业驱动增长，但随着经济发展进入新常态，这种发展模式面临挑战。因此，中国需要加快优化供给结构，推动产业结构升级。具体来说，要加快发展新兴产业，培育新的经济增长点；加强技术创新，提高产品附加值；推动服务业发展，增加服务业在国民经济中的比重。通过优化供给结构，中国经济可以实现由低端向高端迈进的转变。

（2）提高供给质量是中国经济高质量发展的关键要素之一。过去，中国经济的增长主要依赖数量的增长，忽视了产品质量和创新能力的提升。然而，随着人民生活水平的提高和消费观念的变化，人们对产品和服务的质量要求越来越高。因此，中国经济需要从"量"转向"质"，注重提升产品和服务的质量水平。具体来说，要加强质量管理和标准化体系建设，提高产品与服务的可靠性和稳定性；加大科技创新投入，推动技术进步和创新成果的转化和应用；加强品牌建设，提升中国产品的国际竞争力。通过提高供给质量，中国经济可更好地满足人民对美好生活的需求，实现经济的可持续发展。

（3）增强供给能力是中国经济高质量发展的基础保障之一。供给能力是指一个国家或地区能够有效提供所需产品和服务的能力。当前，中国经济面临的一个突出问题是供给能力不足。一方面，一些传统产业的发展导致了资源浪费和环境污染；另一方面，一些新兴产业的发展还面临技术和市场壁垒等问题。因此，中国需要加强供给侧结构性改革，提高供给能力。就具体情况而言，要加大对科技创新的支持力度，推动技术进步和产业升级；加强人才培养和引进工作，提高人才素质和创新能力；深化市场化改革，激发市场主体活力；加强基础设施建设，提高物流和信息通信等基础设施的运行效率和供给质量。通过增强供给能力，中国经济可以更好地适应市场需求变化，实现供需匹配和良性循环。

此外，政府还加大了对科技创新的支持力度，鼓励企业加大研发投入，培育新的经济增长点。这些措施有助于推动中国经济由投资驱动向创新驱动转变。

3. 环境保护与可持续发展的要求

过去几十年，中国在追求经济增长的同时，也付出了巨大的环境代价，大气污染、水污染、土壤污染等问题严重影响人民的健康和生活质量。随着人们对生态环境的重视程度不断提高，环境保护成为推动中国经济高质量发展的重要因素。

（1）环境保护是实现经济高质量发展的基础条件。过去几十年，中国经济快速增长的背后隐藏着一定的环境问题，如水土流失、大气污染、水资源短缺等。这些问题不仅威胁到人民的身体健康和生活质量，也制约了经济的可持续发展。因此，中国政府将环境保护提升到了前所未有的高度，并采取了一系列措施来应对环境挑战，如加强大气污染防治、推动绿色发展、实施生态修复等。只有在良好的生态环境基础上，中国经济才能实现高质量发展。

（2）可持续发展是经济高质量发展的内在要求。可持续发展强调在满足当前需求的同时保护后世的需求。中国作为人口大国之一，面临巨大的资源压力和环境压力。为实现可持续发展，必须转变经济增长模式，提高资源利用效率，减少环境污染和生态破坏。这就要求中国经济从过去的粗放型发展转向集约型发展，加大技术创新力度，推动绿色产业发展，培育新的经济增长点。只有通过可持续发展，才能确保中国经济长期稳定发展，并为子孙后代创造更美好的生活环境。

（3）环境保护与可持续发展是中国经济发展的重要机遇。随着全球环保意识的提升和国际环保标准的不断提高，绿色技术和绿色产业的市场需求不断扩大。中国拥有丰富的自然资源和人力资源，具备发展绿色产业的基础条件。同时，中国政府也在积极推动绿色金融的发展，为绿色产业提供资金支持和政策引导。这为中国经济提供了新机遇。通过加大对环保产业的投资和支持力度，推动绿色技术的研发和应用，中国经济可实现由高污染、高能耗向低污染、低能耗的转变，进而实现经济结构的优化升级。

（4）环境保护与可持续发展也是中国参与全球治理的重要责任。作为世界上最大的发展中国家，中国在全球环境治理中发挥重要作用。中国积极参与国际气候变化谈判和减排行动，承担着应对气候变化的国际责任。同时，中国也积极推动"一带一路"倡议下的绿色发展合作，促进共建国家的可持续发展。通过积极参与全球治理，中国不仅可以为自身经济发展创造更多机遇，还能为全球环境治理作出贡献。

4. 全球经济格局的深刻变化

随着全球化进程的加速和国际竞争的加剧，中国经济需要适应全球经济格局的变化。传统的低成本劳动密集型产业面临挑战，高质量发展成为中国经济转型升级的必然选择。

（1）全球经济格局由以美国为主导向多极化转变。过去几十年，美国一直是世界上最强大的经济体，对全球经济的发展起着重要引领作用。然而，随着新兴市场国家的崛起和欧洲经济的复苏，全球经济发展逐渐多元化。中国作为世界第二大经济体，已成为全球经济格局中不可忽视的重要力量。中国经济的高质量发展对推动全球经济的多元化发展具有积极意义。

（2）全球经济格局由以资源和制造业为主导向服务业和创新驱动转变。随着科技的进步和产业结构的调整，全球经济的发展逐渐从以资源和制造业为主导向服务业和创新驱动型转变。中国作为全球最大的制造业国家，面临转型升级的压力。因此，中国经济的高质量发展需要加快服务业的发展，提高创新能力，以适应全球经济发展的新趋势。

（3）全球经济格局由以贸易和投资为主导向互联互通合作转变。过去几十年，全球经济的发展主要依靠国际贸易和跨国投资。然而近年来，全球贸易保护主义抬头，国际贸易增长放缓。同时，全球投资也面临不确定性和风险增加的挑战。基于此背景，各国间的互联互通合作变得更加重要。中国经济的高质量发展需要加强与其他国家的合作，积极参与全球治理体系的建设，推动构建开放型世界经济。

（4）全球经济格局由以传统能源为主导向可持续发展转变。随着全球气候变化问题的日益突出，各国开始加大对可再生能源和清洁能源的投资和发展力度。因此，中国经济的高质量发展需加大绿色发展的力度，推动能源结构的优化升级，实现经济发展与环境保护的良性循环。

（二）经济高质量发展的时代要求

1. 人民对美好生活的向往

过去几十年，随着人民生活水平和受教育水平的提升，中国居民消费结构发生了巨大变化，从基本生活需求转向对美好生活的向往，转向更高层次的消费需求，人民的需求也日益多元化，对于文化娱乐、旅游休闲、健康养生等方面的需求不断增加。在这一背景下，如何满足人民多元化的需求成为中国经济高质量发展的重要任务之一。

（1）人民对美好生活的向往体现在消费领域。随着人们收入水平的提高，消费需求逐渐从基本生活需求向更高层次的追求转变。人们对品质、个性化、体验等方面的要求也越来越高。因此，中国经济需要通过供给侧结构性改革提升产品和服务的质量，推动消费升级，满足人民多样化、个性化的消费需求。例如，加强品牌建设，推出更多高品质、高附加值的产品；加大科技创新投入，推动智能化、数字化等新技术的应用，为消费者提供更好的购物体验和服务。

（2）人民对美好生活的向往还体现在教育、医疗、养老等民生领域。随着社会进步和人口老龄化，人们对教育、医疗、养老等方面的需求也不断增加。为了满足这些需求，中国政府加大了对这些领域的投入力度，并推出了一系列的政策举措。例如，加大对基础教育的投入，提高教育资源的均衡性；推进医疗卫生体制改革，提高基层医疗服务水平；加强养老服务体系建设，提供更加便捷、贴心的养老服务。通过实施这些举措，可更好地满足人民在教育、医疗、养老等方面的多元化需求。

（3）人民对美好生活的向往还体现在精神文化领域。随着经济的发展和人民生活水平的提高，人民对精神文化生活的需求也日益增长。人民希望有更多的文化活动、艺术表演、体育赛事等丰富多样的精神文化产品来满足自己的需求。因此，中国经济需要加强文化产业的培育和发展，提供更多优质的文化产品和服务。例如，加大对电影、音乐、戏剧等文化产品的扶持力度；推动文化创意产业的发展，打造更多具有国际竞争力的文化品牌；加强文化设施建设，提供更多便利的文化场所和活动空间。通过采取这些措施，可更好地满足人民在精神文化领域的需求。

2. 中国式现代化的要求

党的二十大深刻阐述了中国式现代化的中国特色、本质要求和重大原则，明确指出高质量发展是全面建设社会主义现代化国家的首要任务。由此可以看出，中国式现代化的首要任务就是实现经济的高质量发展。中国式现代化虽然有九个不同的组成部分，但其本质依然是经济高质量发展的现代化，全面系统研究中国式现代化与经济高质量发展新格局间的关系，具有重要的理论和实践意义。中国式现代化与高质量发展是紧密相关的概念，其共同构筑了中国当代社会的发展路径和目标。

（1）中国式现代化强调经济、社会和环境三者的协同发展。高质量发展则是在经济增长的同时，保持社会公平正义和生态环境的良好状况。中国着力推动经济结构转型升级，注重发展创新驱动的新兴产业，提高技术水平和产品质量，推进数字经济和绿色经济发展。同时，中国加大社会保障力度，提升人民收入水平，推动教育、医疗、文化等社会事业发展。此外，中国积极应对气候变化，加强环境保护和生态建设，推动生态文明建设与经济社会发展相互促进。

（2）中国式现代化强调以人民为中心，关注人民的利益和福祉。高质量发展要求实现共同富裕，不断提升人民的生活质量和福利水平。中国积极推动脱贫攻坚工作，构建多层次、全覆盖的社会保障体系，促进教育公平和医疗卫生服务均等化，提供良好的就业机会和职业发展空间，改善居住条件和环境品质。中国还注重保护妇女、儿童、老年人等弱势群体的权益，推进社会公平和社会正义。

（3）中国式现代化要求积极融入全球经济体系，推动开放型经济发展。高质量发展强调国际合作与交流，积极参与全球经济治理，推动建设开放型世界经济。中国坚持平等、互利、共赢的原则，加强与其他国家的经贸合作，推动贸易和投资自由化、便利化，深化区域经济一体化进程。此外，中国主张构建开放型世界经济，支持全球贸易体制的改革与完善，推动全球治理体系朝着更加公平合理的方向发展。

（4）中国式现代化强调科技创新的驱动作用。高质量发展要求不断提高科技水平和创新能力，实现经济的持续发展。中国加大科研投入，培育一流的科研机构和高水平的科学团队，鼓励创新创业，推动科技成果转化和产业升级。同时，中国注重人才培养和引进，建设人才强国，为实现科技创新和产业发展提供坚实支撑。

（5）中国式现代化强调党的领导地位和全面从严治党。高质量发展要求加强党对经济社会发展的领导，保持党同人民群众的血肉联系，防止脱离群众的官僚主义。中国坚持全面从严治党，深化反腐败斗争，强化党风廉政建设，提高党的建设质量和水平，确保党始终成为中国特色社会主义事业的坚强领导核心。

四、经济高质量发展的路径与制约因素

（一）经济高质量发展的路径

1. 通过数实融合，推进企业经济高质量发展

党的十八大以来，党中央高度重视发展数字经济，将其上升为国家战略，推动数字经济和实体经济深度融合，推进数字产业化和产业数字化，赋能传统产业转型升级，催生新产业、新业态、新模式。

推动数字经济和实体经济融合发展，要把握数字化、网络化、智能化方向，以信息化、智能化为杠杆培育新动能。以信息流带动技术流、资金流、人才流、物资流，促进资源配置优化，促进全要素生产率提升，为推动创新发展、转变经济发展方式、调整经济结构发挥积极作用。坚持促进发展和监管规范两手都要抓、两手都要硬的方针，建立全方位、多层次、立体化监管体系，规范数字经济发展。关注新技术应用带来的风险挑战，加强政策、监管、法律的统筹协调，加大对技术专

利、数字版权、数字内容产品及个人隐私等的保护力度，解决数字经济给就业、税收及社会弱势群体带来的挑战，维护广大人民群众利益、社会稳定、国家安全。加强国际数据治理政策储备和治理规则研究，积极参与数字货币、数字税等国际规则制定，塑造新的竞争优势。

（1）加强研发。共性技术和关键核心技术是推动数实融合的重点，要建立共性技术和关键核心技术攻关的举国体制。一是人才培养，通过建设未来技术学院培养高素质未来技术人才，通过培养基础学科拔尖人才奠定坚实的人才基础。二是完善技术市场，通过制度创新充分调动科研人员的积极性，加强产权保护。三是利用国内市场优势吸引引进先进技术和人才，加强技术扩散。

（2）加强打造产业链。完整的产业链是国民经济循环的重要基础，应依托数字技术实现产业链贯通。一是培育发展龙头企业，龙头企业是"链主"，需充分发挥引领作用，带动产业集聚发展。二是加快中小企业的数字化转型，积极对接龙头企业，通过中小企业数字化转型构建全链条、全流程数字化生态，增强产业链、供应链韧性和自主可控能力。三是优化数字经济产业结构。

（3）推进数字基础设施建设。数字基础设施建设是经济高质量发展的重要保障。一是各城市要加大数字信息基础设施建设投资，提高建设标准，加强硬件建设。二是加强数字技术研发，如工业互联网、5G 技术等，加快推进提速降费。三是利用优惠贷款等政策激励扶持企业、事业单位等机构进行网络基础设施升级改造。

2. 构建现代经济体系，促进宏观经济高质量发展

随着经济全球化的深入发展和科技进步的加速推动，构建现代经济体系已成为推动宏观经济高质量发展的必然选择。建设现代化经济体系是跨越关口的迫切要求和我国发展的战略目标，是推动高质量发展、全面提高经济整体竞争力的必然要求。现代化经济体系，是基于社会经济活动各个环节、各个层面、各个领域的相互关系和内在联系构成的一个

有机整体，主要包括：创新引领、协同发展的产业体系，实现实体经济、科技创新、现代金融、人力资源协同发展；统一开放、竞争有序的市场体系，实现市场准入畅通、市场开放有序、市场竞争充分、市场秩序规范；体现效率、促进公平的收入分配体系，实现收入分配合理、社会公平正义、全体人民共同富裕；凸显优势、协调联动的城乡区域发展体系，实现区域良性互动、城乡融合发展、陆海统筹整体优化；资源节约、环境友好的绿色发展体系，实现绿色循环低碳发展、人与自然和谐共生；多元平衡、安全高效的全面开放体系，发展更高层次的开放型经济，推动开放朝向优化结构、拓展深度、提高效益方向转变；有效市场、有为政府的市场经济体制，实现有效市场与有为政府有机结合、相互补充，以市场有效促进政府有为，以政府有为推动市场有效。

（1）加强科技创新能力。科技创新是现代产业体系的核心驱动力。政府应加大对科技创新的投入，建立完善的科技创新体系，加强基础研究和应用研究的衔接，培养和引进高层次的科技人才，激发企业的创新活力。同时，要加强知识产权保护，提高科技成果转化率，推动科技创新与产业发展的深度融合。

（2）加强高端制造业的发展。高端制造业是现代产业体系的重要支撑。政府应加大对高端制造业的支持力度，加强技术创新和人才培养，提升产品质量和技术水平，推动制造业向价值链高端延伸；同时，要加强产业链的协同发展，构建完整的产业链条，提高产业集群的竞争力。

（3）加强现代服务业的发展。现代服务业是现代产业体系的重要组成部分。政府应加大对现代服务业的支持力度，推动服务业向高端、高附加值方向发展。要提升服务业的创新能力，提升服务质量和效率，推动服务业与制造业深度融合，打造服务业与制造业协同发展的新模式。

（4）强化战略性新兴产业的培育。战略性新兴产业是现代产业体系的重要组成部分。政府应加大对战略性新兴产业的支持力度，制定相关政策，提供资金支持和税收优惠，培育和引进高新技术企业，推动战略性新兴产业的快速发展。同时，加强产学研用的合作，提高科技创新能力，推动战略性新兴产业与传统产业的融合发展。

（5）加强产业协同发展。现代产业体系是一个相互关联、协同发展的体系。政府应加强产业政策的协调，推动不同产业间的合作与交流，促进产业链的延伸和产业集群的形成。另外，加强产业链的整合和优化，提高产业链的附加值，推动产业协同发展的良性循环。

总之，构建现代产业体系是实现宏观经济高质量发展的重要路径，政府应加大对科技创新、高端制造业、现代服务业和战略性新兴产业的支持力度，加强产业协同发展，推动产业结构优化升级和经济增长方式转变，实现经济高质量发展的目标。

3. 完善社会主义市场经济体制，强化制度保障

习近平总书记指出："我们是在中国共产党领导和社会主义制度的大前提下发展市场经济，什么时候都不能忘了'社会主义'这个定语。"新时代加快完善社会主义市场经济体制，要全面贯彻新发展理念，充分发挥市场在资源配置中的决定性作用，更好地发挥政府作用，深化市场化改革，拓展高层次开放，按照系统集成、协同高效的要求纵深推进，在精准实施、精准落实上下足功夫，在关键性基础性重大改革上突破创新，使各方面体制改革朝着建立完善的社会主义市场经济体制这一方向协同推进，全力打造市场机制有效、微观主体有活力、宏观调控有度的经济体制，实现产权有效激励、要素自由流动、价格反应灵活、竞争公平有序、企业优胜劣汰。完善社会主义市场经济体制的主要任务在于深化体制机制改革、优化资源配置、促进创新和提升治理能力，这些方面对我国实现高质量发展具有重要意义。

（1）深化体制机制改革。深化体制机制改革可以推动市场机制更加有效发挥作用，激发市场主体活力，增强市场竞争力。例如，进一步放宽市场准入限制，降低市场壁垒，促进公平竞争；加强产权保护，完善法治环境，维护市场交易秩序。只有进一步深化体制机制改革，完善社会主义市场经济体制，才能充分发挥市场在资源配置中的决定性作用，

推动经济高质量发展。

（2）优化资源配置。资源是经济发展的基础和支撑，合理有效的资源配置是经济高质量发展的关键。通过建立健全市场机制和价格机制，可以实现资源的优化配置。例如，加大对创新要素的投入，引导资源向科技创新、绿色发展等领域倾斜；推动供需双方信息对称，促进资源在市场中有效配置。只有优化资源配置，完善社会主义市场经济体制，才能更好地满足人民日益增长的美好生活需要，实现经济高质量发展。

（3）促进创新。创新是经济增长和经济质量提升的重要驱动力。构建良好的创新生态系统，能够激发企业和个人的创新活力，加快科技成果转化和应用。例如，加大对基础研究和应用研究的支持力度，提升科技成果转化率；改革知识产权保护制度，激励创新者进行创造性活动。只有不断推动创新，完善社会主义市场经济体制，才能培育新的经济增长点，推动经济由传统要素驱动向创新驱动转变。

（4）增强治理能力。治理能力的提升是经济高质量发展的重要保障。通过加强宏观调控、完善法治环境和提高政府服务水平，可以为市场主体提供更好的发展环境。同时，要加强对市场秩序的监管和维护，促进市场公平竞争；完善法律法规体系，提高司法公正性和效率性等。只有提升治理能力，完善社会主义市场经济体制，才能构建一个公平、透明、有序的市场环境，为经济高质量发展提供有力支撑。

总之，通过深化体制机制改革、优化资源配置、促进创新和提升治理能力不断健全和完善社会主义市场经济体制，可推动市场在资源配置中发挥决定性作用，激发市场主体活力，培育新的经济增长点，实现经济高质量发展的可持续性。要不断完善社会主义市场经济体制，为经济高质量发展提供坚实支撑。

4. 推进供给侧结构性改革，实现质量变革、效率变革、动力变革

推动高质量发展，必须坚持以推进供给侧结构性改革为主线。推进供给侧结构性改革，是在全面分析国内经济阶段性特征的基础上调整经

济结构、转变经济发展方式的治本良方，是培育增长新动力、形成先发新优势、实现创新引领发展的必然要求。推进供给侧结构性改革是当前和未来一个时期经济发展和经济工作的主线，是一场关系全局、关系长远的攻坚战，必须坚持"巩固、增强、提升、畅通"八字方针，即巩固"三去一降一补"成果，推动资源高效利用，降低全社会各类营商成本，加大基础设施等领域补短板力度；增强微观主体活力，发挥企业和企业家主观能动性，建立公平、开放、透明的市场规则和法治化营商环境，促进正向激励和优胜劣汰，发展更多优质企业；提升产业链水平，重点利用技术创新和规模效应形成新的竞争优势，培育和发展新的产业集群；畅通国民经济循环，加快建设统一开放、竞争有序的现代市场体系，提高金融体系服务实体经济能力，形成国内市场和生产主体、经济增长和就业扩大、金融和实体经济的良性循环。

（1）高质量发展需实现质量变革。传统的发展模式过于注重数量和速度，忽视了质量的提升。随着我国经济发展到了新的阶段，质量已成为评价经济增长的重要指标。推进供给侧结构性改革可以通过优化产业结构、提升产品质量等方式，实现经济发展质量的提升。在创新方面要加大对科技创新的支持力度，推动企业向高附加值领域转型升级，提升产品质量和品牌竞争力。只有不断提升产品和服务的质量水平，才能满足人民日益增长的美好生活需要。要树立强烈的质量第一意识，推动经济发展实现量的合理增长和质的稳步提升。

（2）高质量发展需实现效率变革。传统的发展模式主要依靠资源和劳动等生产要素的投入，是一种粗放型发展模式，如今这种模式已经难以为继。供给侧结构性改革的去产能、去库存、去杠杆、降成本、补短板等措施可以有效淘汰落后产能、降低生产成本，从而提高资源配置和利用效率，实现经济高质量发展。推动经济发展效率变革，要提升资源尤其是稀缺资源的配置效率，以最少的资源投入生产出最多的产品、收获最大的效益，加快推进提高资源配置效率的改革，实现充分就业和提高劳动生产率、投资回报率、资源配置效率为支撑的发展。

（3）高质量发展需实现动力变革。传统发展模式下的经济增长主要依靠投资和出口驱动，但这种模式已经面临一系列挑战，包括内外部环境变化和结构性矛盾等。推进供给侧结构性改革可以通过激发创新活力、培育新动能等方式，调整经济增长动力结构，实现经济发展的可持续性。同时，充分发挥技术创新的引领力，加大对科技创新的扶持力度，培育新技术、新产业、新业态，推动经济增长由传统要素驱动向创新驱动转变。推动经济发展动力变革，要围绕转变经济发展方式，促进经济增长由主要依靠投资、出口拉动向依靠消费、投资、出口协调拉动转变，由主要依靠第二产业带动向依靠第一、第二、第三产业协同带动转变，由主要依靠增加物质资源消耗向主要依靠科技进步、劳动者素质提高、管理创新转变。

通过持续推进供给侧结构性改革推动质量变革、效率变革和动力变革，能够提升经济增长的质量、效率和可持续性，持续满足人民日益增长的美好生活需要。因此，我们应继续深化供给侧结构性改革，通过改革创新，优化供给结构，增加有效供给，提高产品和服务质量，以优化社会资源配置，充分发挥创新的独特作用，不断推动中国经济迈向高质量发展。

5. 实施乡村振兴战略，推动共同富裕

我国发展最大的不平衡是城乡发展不平衡，最大的不充分是农村发展不充分。党的十八大以来，党中央坚持把解决好"三农"问题作为全党工作的重中之重，全面深化乡村改革，深入推进城乡发展一体化，坚持精准扶贫、精准脱贫，组织推进人类历史上规模空前、力度最大、惠及人口最多的脱贫攻坚战。经过不懈努力，我国脱贫攻坚战取得全面胜利，区域性整体贫困得到解决，完成了消除绝对贫困的艰巨任务，形成了"上下同心、尽锐出战、精准务实、开拓创新、攻坚克难、不负人民"的脱贫攻坚精神。党的十九大提出实施乡村振兴战略，是为了从全局和战略高度来把握和处理工农关系、城乡关系。乡村振兴战略是促进

乡村经济发展、推动实现共同富裕的重大战略。乡村振兴战略的总目标是农业农村现代化，既包含"物"的现代化，又包含"人"的现代化，还包括乡村治理体系和治理能力的现代化。要坚持农业农村优先发展的总方针，产业兴旺、生态宜居、乡风文明、治理有效、生活富裕是总要求，建立健全城乡融合发展体制机制和政策体系是制度保障。要坚持乡村全面振兴，实现乡村产业振兴、人才振兴、文化振兴、生态振兴、组织振兴，推动农业全面升级、农村全面进步、农民全面发展。乡村振兴战略对实现高质量发展具有重大战略意义。

（1）推进乡村产业升级。实施乡村振兴战略，可加强农村基础设施建设，促进乡村产业发展，培养乡村人才，促进乡村经济发展，增强乡村经济竞争力，为经济高质量发展提供有力支撑；可为经济高质量发展提供新的动能与空间，促进乡村产业的升级，推动乡村经济转型升级，培育新的乡村经济主体。乡村作为中国国民经济的重要组成部分，实施乡村振兴战略，有利于挖掘乡村资源优势和潜力，为经济高质量发展注入新的活力。

（2）促进农民增收。农民是农村人口的主体，他们的收入水平和生活水平直接影响到农村的发展和稳定。实施乡村振兴战略可促进乡村产业的发展，提高农产品的附加值，推动乡村旅游的发展，有利于缩小城乡收入差距，推动农村产业的发展，增加农民的收入，健全农村社会保障制度，实现共同富裕。

（3）可推进城乡一体化发展。城乡一体化是中国实现共同富裕的必然选择，也是未来经济发展的重要方向。实施乡村振兴战略，是解决城乡发展不平衡的重要举措。长期以来，中国发展中的城乡矛盾十分突出，主要表现为小城镇迅速发展导致乡村发展相对落后。在实施乡村振兴战略的过程中，可以将乡村产业延伸到城镇，促进城市资源向乡村倾斜，促进城乡要素的流动，推进城乡一体化发展，使城乡资源有机结合，促进城乡经济的互补发展，为经济高质量发展提供有力支撑。

（二）经济高质量发展的制约因素

改革开放以来，我国历经四十余年的不懈奋斗，在经济高质量发展道路上越走越稳，国家实力进一步增强，国际地位不断提高，经济社会的各个领域都积极贯彻落实新发展理念，正在以中国式现代化全面推进中华民族伟大复兴，但同时也面临诸多制约因素。

1. 经济发展不平衡不充分

（1）经济发展不平衡是结构性问题。一是实体经济和虚拟经济不平衡。2016 年，中国金融业增加值占 GDP 比重达 8.4%，超过了美国的 7.3% 和英国的 7.2%，然而大量资金在金融系统内部循环，"脱实向虚"现象比较突出，金融服务实体经济的能力有待提升。二是区域发展不平衡。我国的经济发展在不同地区和领域间存在明显的不平衡。东部、中部、西部地区经济增长差异明显，东部沿海地区地理位置优越且处于先富行列，经济发展程度高，而中部和西部地区经济发展相对较弱，东北地区经济也有下滑趋势。三是城乡发展不平衡。城市发展速度较快，农村地区发展速度较慢。区域发展总体呈沿海地区城市发展迅速，内陆和农村地区发展相对滞后的态势。四是经济发展与社会发展不平衡。表现为虽然我国的经济一直快速发展，但与社会发展不同步，即经济发展较快，社会文明发展速度与经济发展速度不匹配，还存在诸多的社会问题，主要有看病难、看病贵、择校难、上学贵、养老难、养老贵等问题。

（2）经济发展不充分是生产力问题。一是市场竞争不充分。经济主体活力还不够，要素的使用、市场准入退出、产权等方面还存在一些不利于充分竞争的旧制度、旧法规，地方保护问题依然存在。二是有效供给不充分。供给侧结构性改革是经济发展的一条主线，生产供给尚不能满足居民对美好生活的需求。三是动力转换不充分。创新能力相对还不强，是我国经济发展的致命弱点，虽然我国正在积极转换经济增长动力但还不够充分。四是制度创新不充分，还需进一步健全和完善社会主义市场经济体制。

2. 数字化水平还不高

要实现高质量发展，数字化转型是必由之路。进行数字化转型需要提高信息技术基础设施、促进互联网和物联网技术的应用，数字技术、数字经济是新一轮科技革命和产业变革的先机，能大力推动数字化转型的发展，加快制造强国、网络强国和数字中国建设。发达国家产业数字化转型起步早、技术应用强、发展成效明显。第一产业数字经济渗透率部分已超出 30%，第二产业数字经济渗透率部分已超出 40%，第三产业数字经济渗透率部分已超出 60%，而我国的数字化转型起步相对较晚，2023 年我国第三产业的数字经济渗透率最高，也只有 45.63%，同发达国家还存在差距。

3. 社会主义市场经济体制还不够健全

中国的市场化程度在不断提高，但仍然存在微观主体活力不够强、创新能力不够强、经济政策不够精准、要素市场不够通畅、存在系统性金融风险等问题，这些都制约了我国经济高质量发展的进程。

4. 资源和环境压力

中国经济的高速增长给资源和环境带来了极大的压力。工业化、城市化和农业活动的加剧导致生态系统的退化、生物多样性的丧失。气候变化导致极端天气事件增多、海平面上升和生态系统变化，对农业生产、能源开发和利用及人类健康等方面产生负面影响。这不仅损害了生态系统的稳定性和可持续性，也不利于实现经济高质量发展。

5. 全球经济发展形势的不确定性

国际经济形势的不确定性，如全球金融波动、地缘政治紧张局势等，均有可能给中国经济带来负面影响。主要表现为通过对投资和消费意愿的抑制，进而对投资、消费、就业和出口产生显著的负面影响，导致产出在短期内明显下降。

近年来，经济全球化遭遇逆流、贸易保护主义持续加剧，深刻改变了全球产业链供应链格局。各国产业链布局从以成本、效率、科技为重点转向以安全、稳定和可持续为重点，呈多元化、区域化等演进特征，并存在进一步碎片化的趋势。以西方为主的部分发达经济体继续推行"脱钩断链"和保护主义，妄图组建所谓"去中国化"的技术联盟和产业链联盟。全球供应链的调整可能会导致中国在一些产业中失去竞争优势。

3

第三章

数字经济促进经济
高质量发展的理论分析

　　本章在绪论部分的文献综述基础上，对"数字经济"和"经济高质量发展"两个核心概念进行界定，以确定本书的研究对象和研究主题。本章分析了数字经济在促进经济高质量发展方面的溢出效应、协同效应和长尾效应，着重从微观和宏观两个视角分别分析了数字经济发展促进企业经济高质量发展（全要素生产率）、宏观经济高质量发展（创新发展、协调发展、绿色发展、开放发展、共享发展）的直接作用机理，并从市场化的角度分析了数字经济对经济高质量发展的间接作用机理，为后续的实证分析奠定了理论基础。

一、概念界定

　　"数字经济"比较有代表性的定义是，中国信息通信研究院认为数字经济是"新经济形态"，是一种"状态"，是通过数字化转型重构经济发展与治理模式达成的一种公平与效率更加统一的形态。中国信息通信研究院构造了数字经济的"四化框架"，把"数字产业化"和"产业数字化"归为"生产力"的范畴。数字产业化包括基础电信、电子信息制造、软件及服务、互联网等产业；产业数字化即传统产业应用数字技术所带来的产出增加和效率提升部分，包括但不限于工业互联网、智能制造、车联网、平台经济等融合性产业新模式新业态，产业数字化的贡献包含数字技术在农业、工业、服务业中的边际贡献。此外，把"数字化治理"归为"生产关系"的范畴。

　　本书旨在研究数字经济对经济高质量发展的影响，故本书所研究的"数字经济"主要指数字产业化和产业数字化（中国信息通信研究院"四化框架"的"生产力"维度），研究的主题为数字经济生产力在微观企业和宏观层面对促进经济高质量发展的作用机理。

二、数字经济促进经济高质量发展的影响效应分析

数字经济具有强渗透性的特征，对经济发展的各个领域和各个环节均有或大或小的影响，数字经济促进经济高质量发展的影响效应主要体现在溢出效应、协同效应和长尾效应三个方面。

（一）溢出效应

溢出效应是指数字经济发展和数字技术应用过程中会对其他相关产业和经济各领域产生积极影响。数字经济的发展和数字技术的应用其实在很多经济社会领域都具有溢出效应，下面从传统产业升级、创新创业、人力资源优化、社会治理等方面进行阐述。

1. 数字经济的发展促进了传统产业的转型升级

数字经济具有高渗透性的特征，传统产业通过数字化、智能化改造和转型能大幅提升传统产业的生产、管理和服务能力。数字经济的发展还能促进传统产业与新兴产业的融合，形成新的产业链和价值链，推动产业结构的优化升级。

2. 数字经济的发展促进了创新和创业

数字技术和互联网的普及使创新者和创业者可以更方便地获取信息、资源和市场，降低了创新和创业的门槛。数字经济的兴起也催生出一批新的创新和创业公司，推动了创新和创业活动的蓬勃发展。

3. 数字经济的发展促进了就业和人力资源的优化

一方面，数字经济的快速发展创造了大量的就业机会，特别是在信息技术、电子商务、互联网金融等领域；另一方面，数字经济的发展也催生了新的职业和岗位，如数据分析师、网络营销师、电商运营师等，

为就业市场提供了新的需求和机会。同时，数字经济发展也给传统产业部门的就业带来压力，会排挤掉低技能水平的劳动者，这也将促进低技能水平的劳动者加强技能培训以适应数字经济时代的要求。其结果是人力资源从原来的低附加值部门流向新兴的高附加值的数字产业部门，激发劳动者增强劳动技能，从而实现人力资源配置的优化。

4. 数字经济的发展促进了社会治理的创新和提升

数字经济的发展使政府、企业和个人间的信息交流更加便捷和高效，为社会治理提供了新的手段和方式。数字经济的发展推动了电子政务、智慧城市、智慧交通等社会治理领域的创新和应用，提高了治理效率和服务质量。数字经济的发展还促进了社会公平和包容，通过数字技术的应用，可更好地解决信息不对称、资源分配不公等社会问题，促进社会的可持续发展。

（二）协同效应

数字经济的协同效应是指数字经济的发展和数字技术的应用能够促进各个经济领域间的协作与互通，从而产生更大的经济效益。

1. 数字经济的发展促进了协同决策

在数字经济形态中，数据成为核心要素，数据的价值在于共享、互通和低边际成本。通过数字技术和互联网，不同的经济主体可通过数据共享和互通实现数据的整合和优化利用，提升经济决策的准确性和效率。数据的共享和互通还可以帮助企业更好地了解市场需求和竞争对手的动态，从而更好地制定战略和决策。

2. 数字经济的发展促进了协同创新

数字技术的不断进步和创新，为各个领域带来了新的机遇和挑战。

不同经济主体可通过数字技术和数据共享进行协同创新，合作研发新产品、新技术，加快创新进程，提高创新效率，推动经济发展和转型升级。

3. 数字经济的发展促进了协同创造

数字经济的兴起孕育出平台经济。通过建立和运营数字化平台促使供需双方进行深度交流和沟通，使深度交流和沟通创造出新的市场，实现资源共享和价值共创。

（三）长尾效应

数字经济的长尾效应是指在数字经济环境下消费者拥有更多的选择权，原本销量较低产品和服务也可能通过数字平台得到销售的大幅增长。

1. 数字经济的发展可扩大市场规模

一方面，生产者通过数字平台把个性化商品推向更广大的全国统一大市场；另一方面，消费者也更倾向寻找与其个性化需求相匹配的产品和服务，均有利于扩大市场规模。

2. 数字经济的发展可降低库存和分发成本

数字经济的长尾效应通常与在线销售渠道相结合，这降低了库存和物流成本。企业能更灵活地管理库存，因为它们可以根据需求制造产品。同时，数字化的分发方式也减少了物流成本。

3. 数字经济的发展能创造新的商业机会

长尾效应为企业提供了新的商业机会。虽然小众产品可能销量不高，但在长尾中的总销售额相当可观。企业可通过聚焦在长尾市场上，提供独特的产品和服务来实现利润增长。

三、数字经济促进经济高质量发展的机理分析

习近平总书记强调，新发展理念是一个整体，无论是中央层面还是部门层面，无论是省级层面还是省以下各级层面，在贯彻落实中都要完整把握、准确理解、全面落实，把新发展理念贯彻到经济社会发展全过程和各领域。因此把数字经济发展直接推动创新发展、协调发展、绿色发展、开放发展、共享发展的作用定义为直接作用。社会主义市场经济体制是数字经济推动经济高质量发展的重要作用机制，从市场化这个视角分析数字经济促进经济高质量发展的作用，进而重点从市场化的角度论证数字经济发展对经济高质量发展的间接作用。

（一）数字经济促进企业经济高质量发展的机理分析

1. 数字经济促进企业经济高质量发展的直接作用机理

数字经济发展促进企业经济高质量发展的直接作用主要表现在以下五个方面：

（1）促进创新。创新并非单纯的技术发明，根据 Schumpeter（1921）的理论，创新是一个经济学概念，可理解为新的生产函数的建立，其涵盖了新的产品生产、新的组织形式、新的市场开放及其他，从而实现生产要素的新组合。

第一，数字化促进了企业内部各个部门的沟通和协调，在生产过程中企业可借助数字技术对生产设备、生产线、生产车间进行改造，实现企业生产制造全过程的数据流通，有利于各部门的资源系统整合，从而提升企业整体创新能力。

第二，数字技术有利于打破企业间的沟通障碍，企业可借助人工智能、区块链、云计算、大数据等数字技术搭建内外部开放式的研发创新平台，聚合多方技术、资源与能力开展虚拟实验、智能仿真、AI辅助设计等研发活动，通过数字技术促进信息交流，实现知识共享，当

一家企业研发出新的产品或发现新的投资方向时，就会引起其他企业竞相模仿，使创新得到进一步拓展，进而使企业的全要素生产率得到提升。互联网等数字技术使不同创新主体能随时随地便捷地参与创新（Nambisan，2017）。数字技术的可重新编程性和数据同质化特征还会加速改变产品创新、过程创新、组织创新和商业模式创新等，从多个渠道协同推动创新发展，增强创新能力。

第三，数字经济能促进企业组织结构创新，提高管理效率。企业各部门可以网络节点的形式通过数据建立实时的信息交互，促使分工呈现网络化、协同化与实时化的特点，并由此驱动企业组织结构向扁平化、网络化发展，提高管理效率。

（2）实现规模经济和范围经济。数据本身具有非竞争性，具有规模经济和范围经济的特征。规模经济是指随着产量的增加，长期平均成本表现为下降的趋势，其原因是一定规模的产量可以带来学习效应、分工的专业化、固定成本的分摊、谈判中的优势地位等，使经济效率得以提升。

第一，有助于实现规模经济。在工业经济背景下，传统产品边际成本的降低会受到要素的专业化分工、管理的低效率等因素限制，进而难以实现最优生产规模。在数字经济时代，企业边际成本呈递减规律，甚至达到零边际成本，因此企业倾向采用无限扩大规模的生产方式降低长期平均成本，达到规模经济的效果。发展数字经济能够消除经济往来的障碍，打破区域疆界，将不同区域的生产者和消费者连接起来，实现规模化生产，从而降低单位产品的成本。

第二，有助于实现范围经济。发展数字经济不仅能引起生产规模的扩大，还能带来企业经营范围的扩大，依托某一种主营业务积累的海量用户资源与较高的市场占有率，企业可低成本地开展多样化业务，进一步降低平均成本，获得丰厚利润，即产生范围经济。在工业经济时代，企业通常借助产品生产技术的关联性，通过生产多种产品以降低总成本，实现生产上的范围经济。在数字经济背景下，范围经济的实现条件从产品相关性变为市场占有率与用户数量。在高市场占有率与海量用户的基础上，企业不仅能够销售少品种、大批量的产品，更能够销售多品种、少批量的产品，从而实现范围经济。

第三，长尾效应。在规模经济和范围经济的基础上，更进一步实现了长尾效应——大量尾部的、边缘化的消费需求也能得到满足，许多小众市场也得到开发，范围经济下的每类产品也都各自实现了规模经济，这是因为数字经济使企业和企业之间、消费者与消费者之间、消费者与企业之间的联系更为紧密。

（3）降低交易费用。交易费用可来自市场交易和企业内部协调两个方面。

第一，有助于改善信息不对称。数字经济加速了信息流、资金流和物流的全面整合与深度融合，促使交易市场更加开放透明，改善了信息不对称。

第二，有助于降低交易成本。数字经济的发展能降低信息搜寻成本、资金融通成本及物流运输等成本，使信息资源的获取方式和渠道更加便捷，使信息流动更加有效，将削减交易双方的不确定性，从而降低交易成本。数字经济使企业获取信息的渠道与方式发生了根本改变，在数字技术的引导下，实体世界和网络虚拟空间实现了互联，企业可通过互联网络获取广泛信息。

第三，有助于降低匹配成本。一方面，消费者购买产品和寻找工作的搜寻成本会大大降低，这些成本的降低又会通过供求关系传递给企业，企业也因此受益。另一方面，消费者行为信息将以数据的形式存储，依据行为数据分析消费者偏好，依据消费者偏好提供定制化的产品和服务，实现供需的精准匹配；同样地，从营销角度来看，可根据消费者行为数据分析消费者的诉求，为消费者提供精准的、个性化的营销服务，降低营销匹配成本。

第四，有助于降低信任成本。在数字经济发展的背景下，企业的资信状况、产品质量、履约记录等信息均可能在网上发布、存储和传播。数字技术能简化产品质量、企业资质信息等的验证程序和成本，依据相关信息创造"数字信誉"。在数字技术赋能下，数字信誉体系可使产品和服务变得更加透明和可视化，降低信任成本。道德风险、"敲竹杠"问题和其他机会主义行为带来的后果也将得到抑制。从企业内部交易来看，数字化促进了企业内部人员的信息传递和工作的协调，企业组织变革极大降低了企业内部的协调成本，优化了企业业务流程管理，加速企业组织结构变革（Acemoglu et al.，2007），提高企业全要素生产率。

（4）提高企业生产效率和质量，提升竞争力。通过物联网和大数据技术的应用，企业可实现设备的实时监控和远程控制，提高设备的利用率和维修效率。此外，数字技术还可帮助企业进行精细化管理，优化生产流程，降低成本，提高经济效益。数字技术的应用可帮助企业更好地了解市场需求和消费者行为，进行精准的市场定位和产品设计。同时，数字技术还能为企业提供更加灵活的生产模式和供应链管理方式，助力企业快速响应市场需求变化，提升市场竞争力。

（5）提升员工的工作满意度和幸福感。数字技术的应用可以实现办公环境的智能化和人性化，对提高工作效率和舒适度具有促进作用。例如，通过视频会议和在线协作工具的应用，员工可随时随地进行沟通和协作，提高工作效率。此外，数字技术还可为员工提供更加个性化和贴心的服务，增强员工的归属感和忠诚度。

2. 数字经济促进企业经济高质量发展的间接影响：市场化视角

数字经济发展促进企业经济高质量发展的间接影响表现在各个方面，如金融约束机制、创新机制、市场化机制等。健全社会主义市场经济体制是我国当前经济改革的重要方面，具有系统性和综合性的特征，中共中央、国务院于 2020 年 5 月发布了《关于新时代加快完善社会主义市场经济体制的意见》，对完善社会主义市场经济体制作了总体部署，因此着重从市场化的角度分析数字经济促进高质量发展的间接影响，即数字经济发展能健全市场化机制，市场化机制的健全和完善又能促进企业的高质量发展。

（1）打造公平的法治环境。社会主义市场经济体制的基本特征就是公平竞争的营商环境和高效的资源配置，这也是市场经济基本规律——价值规律的基本要求，市场在社会资源配置中起决定性作用。

第一，公平的营商环境。数字基础设施的通用性和关键性在一定程度上优化了线上线下整体营商环境（刘诚，2023）。《"十四五"数字经济发展规划》强调，要加快健全市场准入制度、公平竞争审查机制，完善数字经济公平竞争监管制度，表明数字经济的发展将倒逼营造更加公平的竞争环境。

第二，公平的法治环境。数字政务促进了行政审批程序的优化和革新，降低了证照事项的办理时间和办理成本，在一定程度上减弱了行政人员对工商管理的人为干扰，有助于充分发挥政府职能和营造法治化营商环境。

第三，公平的要素市场。数字经济可通过加快要素市场化改革营造公开透明的市场环境，降低交易成本，优化要素市场配置结构（梁琦等，2021）。数字经济的发展促进了劳动、资本、土地、知识、技术、管理、数据等生产要素在不同区域和不同产业间的流动，促进生产要素从低效率的地区或行业流向高效率的地区或行业，从边际回报率低的地区或行业流向边际回报率高的地区或行业。数字经济的发展能使经济活动更好地依照价值规律的要求，提高社会资源配置效率，促进企业 TFP 增长。

（2）激发技术创新动力与增强技术扩散效应。价值规律的第二个作用是激励企业创新，通过技术创新与技术扩散带动产业改造升级。

第一，数据市场的外溢效应有利于调整产业结构、促进产业升级。产业数字化为各行业创新技术的产生奠定基础，数字经济可通过赋能产业创新、产业关联和产业融合实现产业结构调整和转型升级。数字经济的网络化与协同性特征有助于强化生产要素间的集约化整合与网络化共享，增加要素的供给规模和提高利用效率，扩大企业运营规模，实现交易、交流、合作的数字化，降低产品边际成本和平均成本，推动产品向高附加值转变，促进产业结构高度化转型。

第二，健全的技术市场有助于提高技术市场效率，扩大技术市场规模。技术市场规模的扩大使不同的企业可根据自身需求选择所需的创新技术，提高技术利用效率，增加创新产出。技术市场规模的扩大还可降低企业技术使用成本、产生知识溢出效应，从而提升全要素生产率。

第三，健全的市场机制有利于技术扩散。健全的市场机制有利于企业对子公司的知识和技术扩散，也有利于和其他企业互联互通、相互学习，实现企业从单个产品和流程的创新到整个产业的创新的转变，进而提高全要素生产率。数字经济的发展促进了信息共享，使消费者更容易在较为相似产品的价格和质量中并做出理性选择，使企业感受更强的竞争压力并激发其创新动力。在激烈的竞争环境下，企业必须通过技术创新研发改良产品以保持竞争优势和争夺市场份额。

（3）提升企业资源配置的效率。市场经济的竞争机制和价格机制能使企业自发地提高自身资源配置效率，从而提高全要素生产率。在市场经济体制下，独立的个人或企业只能掌握全社会中极其微小的一部分市场信息，无法从整体上进行设计或计划，而经济社会能够高效有序地运行，正是得益于市场信息交流机制特别是价格体系。价格体系作为一个桥梁将生产意愿和消费者偏好等信息结合出来，如果某一个环节受到扭曲，就可能造成企业或消费者的误判，导致企业内部资源的错配。数字经济的发展大大提高了市场信息的传导速度和准确性，企业可利用大数据和一些已披露的信息更准确地评估消费者偏好并做出科学合理的投资生产决策。数字经济的发展能使市场对各种经济信号反应灵敏的优点得到充分发挥，促进生产和需求的及时协调以适应供求关系的变化，进而促进企业全要素生产率增长。

（二）数字经济促进宏观经济高质量发展的机理分析

1. 数字经济推动经济高质量发展的直接作用机理

（1）数字经济与创新发展。第一，数字经济新产业、新模式推动了创新。数字经济具有开放性、高效性、可持续性等特点，为推动创新提供了更好的平台和机遇。数字技术不断更新换代，为各行各业带来了更多的创新应用场景。例如，5G 技术的广泛应用将带来更加高速和稳定的网络环境，为互联网医疗、远程办公等领域带来更多发展机遇。同时，数字经济也衍生了新的产业形态和商业模式，如共享经济、电子商务、在线教育等，这些新产业、新模式将进一步推动创新发展。

第二，数字经济促进了创新要素的流动。数字技术加速了科技创新和知识传播。大数据和人工智能等技术的应用，为科学研究和技术发展提供了更多数据和工具。研究人员可以通过数据挖掘和分析，发现新的规律和趋势，推动科学突破。数字技术也改变了知识传播的方式，提供了新的机遇和平台，人们可通过互联网获取更多的信息和知识资源，促进了全球的学术交流和合作。数字平台的应用促进了创新要素的流动，打破了信息不对称造成的壁垒。同时，数字技术能级的提升深化了创新要素的配置结构，提高了高端创新要素在配置结构中的占比，这均提高了创新产出水平（赵涛等，2020）。在政策环境的支持下，数字经济和创新发展相互促进，推动了经济的快速发展和社会的进步。未来，随着技术的不断进步和政策的不断完善，数字经济和创新发展将迎来更广阔的发展空间和更多机遇，为经济社会的可持续发展做出更大的贡献。

（2）数字经济与协调发展。

第一，数字经济与经济协调发展。以数字经济作为新兴经济形态，对传统经济结构和产业模式产生了革命性影响。数字技术的广泛应用和数字产业的不断壮大，为经济增长带来了新动力和新活力。数字经济与传统产业的融合发展，可促进传统产业的转型升级和创新发展，提高经济效益和竞争力。数字技术一方面可以推动生产自动化、智能化，提高传统产业的生产率；另一方面可以为新兴产业的发展提供支撑，培育新的经济增长点。数字化的推动作用使产业结构更加适应市场需求的变化，促进了经济结构的优化和转型升级。同时，数字经济也为就业提供了新机会，增加了更多的就业岗位，促进了就业和经济可持续发展的协调。

第二，数字经济与社会协调发展。数字经济的发展与社会的协调发展密切相关。数字技术的应用给人们的生活带来了巨大变化，改变了人们的生产、消费和生活方式。例如，电子商务和共享经济的兴起改变了人们的购物和交通方式，提高了社会资源利用效率。同时，数字技术的普及也促进了教育、医疗等社会服务的创新升级，提高了社会福利水平。数字经济的发展还能缩小城乡和地区间的数字鸿沟，促进社会的公平和包容性发展。

第三，数字经济与环境协调发展。数字经济依赖于信息通信技术和数据中心等设施，对能源消耗和碳排放产生了一定影响。为实现数字经济与环境的协调发展，需推动绿色数字化转型，降低数据中心的能耗和碳排放，推广节能和环保的数字技术应用。同时，数字经济的发展也为环境保护提供了新的机遇。例如，数字技术在环境监测、资源管理和环境治理等方面的应用，可提升环境监测的准确性和效率，实现资源的有效管理和利用。

数字经济与协调发展密不可分。数字经济必须与经济、社会和环境等方面的协调相统一。数字经济的发展可带动经济增长和就业，促进传统产业的转型升级；改变人们的生产、消费和生活方式，提高社会资源利用效率和社会福利水平；降低能源消耗和碳排放，推动数字技术在环境保护中的应用。数字经济与协调发展需要政府、企业同社会各界共同努力，加强政策引导，推动创新发展，确保数字经济的可持续发展，实现经济、社会和环境的良性互动。

（3）数字经济与绿色发展。绿色经济是一种以可持续性为核心目标的经济模式，其特点是以生态农业、循环工业和可持续性服务业为基本内容，通过提高发展效率、促进和谐共生来推进社会可持续发展。绿色发展的核心内容包括低碳经济、循环经济、环境保护、可持续发展。数字经济不仅能够直接通过新业态改善产业结构、降低污染；还能够间接通过数字技术有效赋能生产过程，提高生产效率、降低能源消耗。

第一，从产业转型角度来看，数字经济的高渗透性将催生出一系列如"数字农业园"和"智能制造"等绿色新业态。在这些新业态的带动下，生产主体对能源的依赖度将大幅下降，降低中间能耗，推动节能环保型产业发展。同时，诸多绿色产业的兴起和可持续发展的需求，为数字经济的发展提供了新的增长点和创新空间。例如，可再生能源、智慧城市、环境保护等领域都是数字经济发展的重要方向。

第二，从数字技术赋能角度来看，相较于自然资源而言，数字技术可被看作一种"取之不尽，用之不竭"的非物质资源。数字技术的应用能够提升资源利用效率、减少环境污染，并为绿色产业的发展提供支持。例如，物联网技术可以实现能源的智能管理和节约；数字化的供应链管理可减少资源浪费；大数据分析可辅助环境监测和预警；通过绿色技术和创新实践，可实现对环境的保护和资源的合理利用。

（4）数字经济与开放发展。开放发展指在全球化背景下，国家间通过多边、双边和地区协定等形式加强互联互通、资源共享、互利共赢的方式。开放发展的特点是互联互通、交流合作、共同繁荣、共赢共享。数字经济与开放发展间相互促进、共同发展。

第一，数字经济是开放发展的重要支撑。数字经济是以数字技术为核心、全面应用信息通信技术的新型经济形态，其发展为开放发展提供了强大的支撑。数字经济的快速发展，使信息和技术变成了资源和产业，推动各国经济的数字化、网络化、智能化。数字经济已经成为国际竞争的重要因素，对国际贸易和投资、数字生态系统和数字化发展战略等都有很大的促进作用。

第二，开放发展为数字经济拓展国际市场提供了重要机遇。开放发展夯实了数字经济在全球市场上的地位。通过开放和合作，数字经济可以更好地将先进技术与优质服务输出到国际市场，拓展出更大的发展空间。例如，数字经济企业可以借助全球化的平台和资源，拓宽海外市场，拥有更多的用户和客户。同时，开放发展也为数字经济创造了法规、政策和环境等方面的利好条件，促进数字经济的繁荣和发展。

（5）数字经济与共享发展。第一，数字经济促进资源共享与利用。数字经济的发展使资源的获取和利用变得更加高效和便捷。通过数字平台和共享经济模式，人们可更好地利用社会闲置资源，实现资源的共享和优化配置，从而提高资源利用效率。

第二，数字经济支持创新创业与就业增长。数字经济为个体创业者和小微企业提供了更多发展机会。数字经济发展增进了就业信息获取并催生了新的工作岗位（林龙飞和祝仲坤，2022）。通过数字化的方式，创业者可以更低成本开展业务，实现快速发展。同时，数字经济的发展也带动了更多就业机会，促进了就业增长。

第三，数字经济促进社会公平与包容。数字经济的发展使资源分配更加公平，抑制了信息不对称和资源垄断的现象产生。通过数字技术的应用，人们能更好地获取信息和服务，实现社会的公平和包容。数字经济促进了人力资本提升、要素市场化、优化资源配置，从而缩小了城乡收入差距（黄庆华等，2023）。

第四，数字化可提升社会治理水平和公共服务质量。数字技术的应用可实现政府治理的信息化、智能化和透明化，提升政府服务的效能和满意度。例如，通过电子政务系统和在线服务平台的建设，可实现政务服务的线上化、便捷化，方便群众办事和企业申报业务。此外，数字技术还可加强社会管理的创新和改进，提升城市管理的精细化水平。

2. 数字经济推动经济高质量发展的间接作用机理：市场化视角

党的二十大报告就"加快构建新发展格局，着力推动高质量发展"所提出的五项举措中，第一条就强调"构建高水平社会主义市场经济体制"。可见，加快构建高水平社会主义市场经济体制是推动高质量发展的迫切需要。

第一，创新发展。市场化机制可激发创新活力，推动经济高质量发展。在市场化环境下，企业和个人为了在竞争中获得竞争优势，需要不断进行创新。市场化机制可提供公平的竞争环境，使创新者获得回报，并促使更多的人投身创新活动，从而推动经济的创新驱动型发展。

第二，协调发展。市场化可促进资源的优化配置和产业的协调发展。通过市场的供需关系，资源可以流向效率更高的领域，实现资源的协调分配。市场化还能破除行业壁垒和垄断，促进各个行业的竞争和发展。这样可避免资源分配不均和发展不平衡，实现经济的协调发展。通过数据的共享和利用，不同部门、企业和领域可更好地协调合作，实现生产链的数字化管理，提高生产效率，从而促进了不同产业间的协调发展。

第三，绿色发展。提倡推广绿色消费，形成绿色生活方式，绿色生活方式将使环保技术和绿色产品在市场上更具竞争力，市场化机制能够通过价格机制使环境成本内部化，从而激励企业节约资源和减少排放，推动生产方式的绿色转型。

第四，开放发展。市场化可促进经济的开放发展。市场化机制能够打破行业壁垒和垄断，创造公平竞争的环境，吸引国内外企业进入市场。市场化还能通过市场渠道将产品和服务推向国际市场，促进国际贸易发展。进而推动经济的开放发展，提高经济的国际竞争力。数字平台建设和数字技术的发展促进了要素在跨区域扩张和流通中形成乘数效应，扩大了中心区域的经济辐射半径，加快了非核心区域要素的聚集，既能够促进更大市场的形成，也有利于周边地区对先进技术和管理经验的学习。

第五，共享发展。市场化可促进资源的公平分配和社会的共享发展。通过市场化，资源可按照市场规律进行分配，避免资源的集中和不公平现象。市场化还能激励企业和个人创造更多的价值，从而提高社会的整体福利水平。这样可促进经济的共享发展，实现经济增长和社会公平的双重目标。

总之，市场化对经济高质量发展起到了重要作用，从新发展理念的角度来看，市场化对推动经济高质量发展具有重要作用，高水平社会主义市场经济体制是实现经济高质量发展强有力的制度保障。

4

第四章

数字经济发展现状与
发展水平测度

随着社会的不断进步，数字化快速融入我们的生活，与此同时，经济开始呈现数字化特征；数字经济也成为推动我国经济社会发展的强大动力。数字技术的进步是将传统的生产方式转向数字化生产方式转变的根本动力，也是数字经济兴起的根本原因。党的十八大以来，我国非常重视数字经济的发展并将其上升为国家战略。近年来，我国数字经济发展取得了巨大成绩，但同时也面临诸多挑战。对数字经济发展水平进行测度和量化是进行实证分析的基础，本章构建了数字经济发展水平的综合评价指标体系并对地级市数字经济发展水平进行了测度。

一、数字化生产方式

（一）生产方式演进的一般逻辑

生产方式是生产力与生产关系的辩证统一体。根据马克思主义政治经济学基本原理，物质资料在生产过程中总会结成两组关系，一组是人与自然的关系，表现为生产力；另一组是人与人直接的经济关系，表现为社会生产关系。生产力与生产关系是辩证统一关系，生产力决定生产关系，生产关系反作用于生产力。经济社会变革的根本动力在于生产力与生产关系的矛盾运动规律。生产力始终持续向前发展，原有的生产关系将与新的生产力不相匹配，为了推动生产力的进步，需对原有生产关系进行改革以适应新的生产力的要求，进而推动生产力的进步，生产方式也将随生产关系和生产力的变化而发生变化。这是生产方式变化的一般逻辑。

在原始社会，生产力十分低下，人类为了生存与延续，必须采用"共同劳动、共同消费"的原始共产主义生产关系。随着生产力的进步，人类的生存和延续能够得到保障了，原始共产主义的生产关系将阻碍生产力的进步，开始由公有制转变为私有制。先后出现了奴隶社会、封建社会、资本主义社会。资本主义生产方式的内在矛盾和发展规律

（资本积累规律、资本有机构成不断提高规律、相对过剩人口规律、两极分化规律等）将使资本主义生产方式演变为共产主义生产方式。

总之，从生产方式演进的一般逻辑角度来看，生产力的不断进步推动着生产关系的变化，推动经济社会的变革。

（二）数字技术推动生产方式变革

数字技术是指通过人工智能、大数据分析、物联网、云计算等数字化和信息技术的应用，改变传统生产方式和商业模式的一系列技术手段。数字技术不断发展和应用，其正在深刻地推动着生产力的进步和生产方式的变革。

1. 数字技术提高了生产效率

传统的生产方式往往依赖人力和物力资源的投入，而数字技术的应用使生产过程更加自动化和智能化。例如，工业机器人的广泛应用可实现生产线上的自动化生产，极大提升了生产效率和产能。另外，物联网技术的应用可实现设备间的互联互通，实现生产过程的实时监控和管理，进一步提升生产效率。

2. 数字技术提高了产品质量

数字技术的应用使生产过程中的数据收集、分析和反馈变得更加精确和及时。通过传感器和数据采集系统，可实时监测产品的生产过程和质量指标，及时发现问题并进行调整和优化。此外，数字技术还可实现产品追溯和质量控制，确保产品符合标准和要求。

3. 数字技术促进了个性化定制的发展

传统的生产方式往往以大规模标准化生产为主，难以满足消费者的个性化需求。数字技术的应用可实现对生产过程的灵活调整和快速响应，使个性化定制成为可能。例如，3D 打印技术的发展可以实现对产品形状、颜色等特征的定制化生产。另外，大数据分析和人工智能技术的应用也可根据消费者的购买历史和偏好进行精准推荐和定制服务。这些个性化定制的方式不仅满足了消费者的需求，还为企业提供了更多的商机并创造了竞争优势。

4. 数字技术推动了供应链管理的优化

传统的供应链管理通常存在信息不对称、流程繁琐等问题，导致物流效率低下和成本增加。数字技术的应用可实现对供应链各环节的实时监控和管理，提升物流效率和降低成本。例如，云计算技术可实现供应链信息的集中存储和管理，提高数据共享和协同能力。这些优化措施有助于提升供应链的效率和灵活性，降低企业的运营成本。

5. 数字技术催生出新的商业模式和服务形态

随着数字技术的发展，许多新兴业态不断涌现，如共享经济、在线教育、电子商务等。这些新的商业模式和服务方式改变了传统产业的运作方式，为创业者带来了更多的机会和选择。共享经济的兴起打破了传统行业的壁垒和边界，实现了资源的共享和利用；在线教育的发展使学习不再受时间和空间的限制；网购改变了消费习惯和购物方式。这些新的商业模式和服务方式推动了生产方式的变革和发展。

因此，数字技术通过提高生产效率、提高产品质量、促进个性化定制、优化供应链管理及催生新的商业模式和服务方式等路径，深刻推动生产方式的变革，数字化生产方式正在快速形成，数字经济时代正在向我们走来。

（三）数字化生产方式的特征

党的十九届四中全会指出，要"健全劳动、资本、土地、知识、技术、管理、数据等生产要素由市场评价贡献、按贡献决定报酬的机制"。数据作为重要的生产要素之一，并参与分配，这是数字化生产方式最根本的特征。

从生产关系要与生产力相融合的规律来看，当前已步入数字经济时代，数据已成为影响生产力进步的重要因素，如果数据不参与分配，则数据的采集、处理和分析等数据的生产过程都将没有劳动者愿意付出劳动，数据的供给，特别是高质量数据的供给将严重短缺，这将阻碍生产力的进步。反之，数据要素参与分配将有助于激发数据供给各方主体的活力，有利于促进数据要素所有者出让数据的使用权或所有权，为数字经济发展提供数据供给。数据要素参与分配还有利于推进数字产业化和产业数字化，一方面众多受数据要素参与分配激励的企业能形成具有优势和活力的数字产业；另一方面在构建多样化的数字新业态和成熟的数字化产业结构的同时，还能带来整体生产效率的提高和社会必要劳动时间的降低。

从劳动对象和劳动过程角度来看，生产方式呈现数字化和信息化的特征。数字化生产方式将生产过程中的各个环节进行数字化处理，包括数字化设计、数字化工艺制造、数字化管理等。通过数字化处理，可以将物理实体转化为数字模型，实现更加精确、高效的生产过程。数字化生产方式通过信息化手段，对生产过程中涉及的各种信息进行收集、传输、处理和分析。通过信息化，可以实现生产过程的实时监控和管理，提高决策的准确性和效率。

从劳动资料角度来看，数字化生产方式对智能化、自动化等生产工具产生了较高要求。也就是说，数字化生产方式是智能化的生产方式，智能制造是数字化生产方式的一个重要特征。智能工厂将运用物联网等数字技术使生产过程、生产数据可视化，建立产品生命周期、产供销价值链等综合信息管理系统，运用计算机辅助决策进行市场分析和生产决策，实现全过程智能化生产管理，提高生产效率和质量。

从狭义的生产关系角度来看，数字化生产方式将是分布式的生产方式。数字经济时代，消费的个性化需求越来越多，越来越有特色，为了实现长尾效应，某些生产环节可能从原生产链条中单独剥离出来满足诸多个性化需求。同时，在企业建立与用户和社会资源连接的基础上，企业自身的生产需求被极大地激发，开放的创客平台能够引入社会化的生产资源，通过模块化生产与社会化协同，拓展企业的生产能力与经营边界。

从为谁生产的角度来看，数字化生产方式将转向个性化生产。工业经济时代，基于对效率和成本的要求，利润和价值最大化的实现途径是标准化、规模化生产，规模效应是工业经济时代企业控制成本、实现高额利润的主要途径，而其规模化生产建立在对生产过程和最终产品的统一化、规范化和标准化的基础上。随着全社会分工协同网络的不断完善，精细化、模块化的分工与协同生产将成为数字经济时代生产方式演进的新趋势，大规模生产的刚性生产系统转变为可重构、分布式的生产系统。

数字化生产方式催生了共享经济。在中国数字经济形态中，共享经济和平台经济是两个重要的方向。在共享经济方面，中国政府高度重视其发展，出台了一系列政策措施，如《关于促进分享经济发展的指导性意见》等。同时，共享经济在中国得到了广泛应用，如共享单车、共享汽车、共享充电宝等。这些应用不仅提高了资源利用效率，还为人们带来了更加便捷的生活方式。

数字化生产方式催生了许多新的商业模式和服务方式，如在线教育、云计算等。这些新兴业态不仅改变了传统产业的运作方式，还为创业者提供了更多的机会和选择。数字经济的发展还带动了其他领域的创新，如生物技术、新能源等领域的创新不断涌现。

除此之外，数字化生产方式还强调各个环节间的协同合作。通过数字化技术的应用，可实现不同环节间的信息共享、协同操作和协同决策，提高生产过程的整体效率和协同能力，推动新质生产力的形成和发展。

二、中国数字经济发展现状

随着互联网技术的不断发展和普及，中国数字经济在近年来取得了快速发展，成为推动经济增长的重要力量。

（一）中国数字经济发展取得的成效

1. 数字经济规模不断扩大

中国是全球最大的互联网市场，数字经济的规模在全球范围内位居前列。根据国家互联网信息办公室发布的《数字中国发展报告（2023年）》和中国信通院发布的《中国数字经济发展研究报告（2024年）》，截至2023年底，中国数字经济规模达53.9万亿元，总量稳居世界第二，同比名义增长7.39%，全国5G移动电话用户数达8.05亿户，移动物联网终端用户数达到23.32亿户，IPv6活跃用户达7.78亿户。中国数字经济的规模不断扩大，已经成为推动经济增长的重要引擎。

（1）互联网普及率提高。根据中国互联网络信息中心（CNNIC）发布的第54次《中国互联网络发展状况统计报告》，截至2024年6月，中国网民规模近11亿人，较2023年12月增长742万人，互联网普及率达78%。随着互联网技术的不断发展和普及，接触和使用互联网的用户越来越多，这为数字经济的发展提供了广阔的市场。

（2）新兴产业和新业态崛起。数字技术的发展催生了一批新兴产业和新业态，如共享经济、在线教育、电子商务等。这些产业的发展不仅提供了大量就业机会，还为中国经济增长注入了新的活力。数字产业规模稳步增长，2023年，规模以上电子信息制造业实现营业收入15.1万亿元，同比增长3.4%。规模以上软件业收入跃上10万亿元台阶，达12.3万亿元，同比增长13.4%。其中，信息技术服务收入达995.09亿元，占全行业收入的比重达65.9%；数据中心、云计算、大数据、物联网等新兴业务共完成业务收入3564亿元，同比增长19.1%，占电信业务收入比重达 21.2%；集成电路产量 3514 亿块，同比增长 6.9%。这表明，数字经济已经成为国民经济的重要组成部分，对经济增长的贡献不断提升。

2. 数字经济发展质量不断提高

（1）数字技术创新能力持续提升。数字技术在各个领域得到广泛应用，推动了传统产业的数字化转型升级。例如，金融业通过互联网金融等创新模式，提供了更加便捷和高效的金融服务；IT 业在语音识别、图像识别、自然语言处理等方面取得了重要突破。这些数字技术的应用不仅提升了产业竞争力，还为经济增长注入了新的动能。2022 年，中国信息领域相关 PCT 国际专利申请近 3.2 万件，占全球比重达 37%，数字经济核心产业发明专利授权量达 33.5 万件，同比增长 17.5%。中国 5G 实现了技术、产业、网络、应用的全面领先，6G 加快研发布局。我国在集成电路、人工智能、高性能计算、EDA、数据库、操作系统等方面取得重要进展。[1]

（2）数字经济全要素生产率稳步提升。中国数字经济全要素生产率从 2012 年的 1.66 上升到 2022 年的 1.75，增长量超过了同期国民经济 TFP 的增长量。分产业来看，第一产业数字经济全要素生产率由 1.03 上升到 1.04，第二产业数字经济全要素生产率受新冠疫情影响较大，呈先升后降态势，由 2012 年的 1.65 上升至 2018 年的 1.69，随后持续下降到 2022 年的 1.54。第三产业数字经济全要素生产率快速提升，由 2012 年的 1.7 上升至 2022 年的 1.9。[2]

3. 数字经济驱动力逐渐显现

（1）创新型企业不断涌现。在中国数字经济的发展过程中，一大批

---

[1] 参见国家互联网信息办公室发布的《数字中国发展报告（2022 年）》第 5 页。

[2] 参见中国信息通信研究院发布的《中国数字经济发展经济报告（2023 年）》第 13~14 页。

创新型企业不断涌现。这些企业以互联网为基础，利用数字技术进行商业模式创新，为用户带来全新的产品和服务。例如，通过社交电商的模式将消费者和商家连接起来实现低成本的大规模销售。这些创新型企业的崛起，推动了数字经济的快速发展，也为中国经济的转型升级提供了新的动力。

（2）跨界融合推动创新发展。在数字经济领域，跨界融合已经成为一种趋势。不同行业间通过数字技术的整合，实现了资源共享、优势互补，推动了创新发展。国内已有不少跨界融合的案例，这些跨界融合的案例表明，数字技术的应用不仅提高了传统产业的竞争力，还为新兴产业的发展提供了新的机遇。

（3）政策支持激发创新活力。中国政府高度重视数字经济的发展，出台了一系列政策措施，为创新创业提供了良好的发展环境。设立了国家自主创新示范区、国家高新技术产业开发区等创新平台，为创新型企业提供了优惠政策和资金支持；中国政府还鼓励企业加大研发投入，推动产学研用紧密结合，形成创新链条。这些政策措施的实施，为数字经济的创新发展提供了有力保障。

4. 数字经济发展环境不断改善

数字经济已经成为全球经济发展的重要推动力。数字经济的发展不仅改变了传统产业的运作方式，更带动了大量新兴产业的不断涌现。在这一过程中，数字经济环境的不断改善成了一个重要的表现。

（1）数字经济发展环境的改善体现在政策支持方面。各国政府纷纷出台了一系列促进数字经济发展的政策措施，包括加大投资力度、提供税收优惠、建立创新平台等。这些政策的出台为数字经济企业提供了更好的发展环境和更多的机会，促进了数字经济的快速发展。2022年12月印发的《中共中央 国务院关于构建数据基础制度更好发挥数据要素作用的意见》系统提出了我国数据基础制度框架。全国一体化政务数据共享枢纽发布各类数据资源1.5万类，累计支撑共享调用超过5000

亿次。我国已有 208 个省级和城市的地方政府上线政府数据开放平台。[①]
2012~2022 年，中国电子政务发展指数国际排名从 78 位上升到 43 位，
是上升最快的国家之一。国家电子政务外网实现地市、县级全覆盖，乡
镇覆盖率达 99.4% 以上。全国一体化政务服务平台实名注册用户超过
10 亿人。[②]

（2）数字经济发展环境的改善还体现在基础设施建设方面。随着互
联网技术的普及和应用，网络基础设施的建设得到了加强和完善。高速
宽带网络的普及和移动设备的智能化推动了数字经济的发展，使人们可
更加便捷地进行在线购物、在线支付等活动。同时，数据中心、云计算
等基础设施的建设也为数字经济提供了强大的支撑。根据《数字中国发
展报告（2023 年）》，截至 2023 年底，累计建成开通 5G 基站 337.7 万个；
累计建成 207 个千兆城市；全国在用数据中心标准机架超过 810 万架，
算力总规模达到 230EFLOPS（每秒浮点运算次数）；5G+ 工业互联网
已覆盖 41 个国民经济大类。

（3）数字经济发展环境的改善还体现在人才培养、法律保护、国际
合作等各方面。随着数字经济的快速发展，对相关人才的需求量日益增
长。各国纷纷加大对数字经济相关专业的培养力度，提高人才的素质和
能力。这不仅有助于满足数字经济企业对高素质人才的需求，还为数字
经济的创新和发展提供了坚实的人才基础。随着数字经济的快速发展，
数据安全和隐私保护等问题也逐渐凸显。各国政府强化了对数字领域的
法律法规建设，制定了一系列保护用户权益和数据安全的法律法规。这
为数字经济的发展提供了更加稳定和可靠的法律保障。在全球经济一体
化的背景下，国家间的合作对数字经济的发展至关重要。各国政府和企
业积极开展国际合作，分享经验和资源，共同推动数字经济的发展。这
种国际合作不仅有助于促进数字经济的国际化发展，还为各国经济的增

---

① 参见国家互联网信息办公室发布的《数字中国发展报告（2022 年）》第 2 页。

② 参见国家互联网信息办公室发布的《数字中国发展报告（2023 年）》第 20 页。

长注入了新的动能。

5. 数实融合不断深化

中国数字经济呈现高度融合的特点主要体现在产业融合、技术融合、服务融合和政策融合等方面，这种高度融合的特点为中国经济转型升级提供了强大动力，也为全球数字经济的发展提供了有益借鉴。

（1）产业融合方面。随着新一代信息技术的快速发展，传统产业与数字经济的融合程度不断加深。以制造业为例，数字化、智能化生产方式的广泛应用，使企业生产效率得到显著提升，产品质量得到有效保障；电子商务、在线教育、共享经济等新兴产业的发展为传统产业提供了新的增长点。

（2）技术融合方面。中国数字经济的发展离不开技术的不断创新与突破。中国政府对数字经济的支持力度也在不断加大，通过拟定一系列政策举措，推动数字技术与实体经济的深度融合，为数字经济发展提供了有力保障。

（3）服务融合方面。随着移动互联网的普及，数字技术在服务业中的应用越来越广泛。以移动支付为例，用户可以通过智能手机轻松完成购物、缴费、转账等各种支付操作，极大方便了人们的生活。此外，数字技术还为教育、医疗、旅游等传统行业带来了新的发展机遇。

（4）政策融合方面。中国政府采取了一系列政策措施，实现政策与数字技术的有机融合，如政府出台了《"十三五"国家信息化规划》等一系列政策文件，清晰界定数字经济发展的战略目标和重点领域。同时，政府还设立了专项资金，支持数字技术研发和应用。这些政策措施的实施，为数字经济的发展创造了良好的政策环境，也为各类企业提供了发展机遇。

2023 年，中国数字产业化规模达到 10.09 万亿元，产业数字化规模为 43.84 万亿元，占数字经济比重分别为 18.7% 和 81.3%。三、二、一产数字经济渗透率分别为 45.63%、25.03%、10.78%，同比分别增长

0.91、1.03、0.32 个百分点，二产渗透率增幅同三产渗透率增幅差距进一步缩小，形成了服务业和工业数字化共同驱动发展的格局。[①]

（二）中国数字经济发展面临的挑战

中国在数字经济的发展过程中，尽管取得了长足的发展，但仍面临一系列的挑战。

1. 外部环境复杂多变

一是关键核心技术之争加剧数字产业链动荡局势。围绕关键核心技术和产业实力的国际竞争日益激烈，各主要经济体纷纷聚焦数字领域加强战略部署，提升本国创新能力，强化关键产业发展的主导权，全球数字产业的产业链、供应链的发展与稳定面临多重风险。二是数字领域国际标准体系和治理规则面临深刻变革。传统与非传统安全问题交织频发，数据跨境流动、数字主权、数字安全与数字税等领域的理念、制度、规则之争更加激烈，数字领域国际合作格局面临较大幅度调整。三是新技术、新应用持续涌现带来新挑战，特别是新的科技伦理问题为社会组织架构、劳动力市场、治理监管等方面带来了严峻挑战。

2. 技术创新能力仍然存在不足

虽然中国在数字经济领域取得了一定的成就，但同发达国家相比，在核心技术和创新能力方面仍存在一定的差距，在人工智能、大数据、云计算等领域的研发投入和创新水平仍有提升空间。此外，中国的数字产业还面临技术标准不统一、数据共享困难等问题，制约了数字经济的发展。

---

① 参见中国信息通信研究院发布的《中国数字经济发展研究报告（2024 年）》第 4-5 页。

3. 数字鸿沟问题仍然存在

虽然中国的互联网普及率不断提高，但仍存在城乡间、地区间的数字鸿沟。一些偏远地区和农村地区的网络覆盖和信息化程度相对较低，导致这类地区的居民无法充分享受到数字经济带来的便利和发展机会。中国政府需大力推动数字基础设施建设，缩小数字鸿沟，确保每个人都能够平等地参与数字经济的发展。

4. 网络安全问题日益突出

随着数字经济的快速发展，网络安全问题日益突出。虽然中国政府以一系列措施来加强网络安全保护，但仍需进一步加强相关法律法规的制定和执行，提升网络安全意识和技术水平。

5. 监管和法律环境还不健全

数字经济的发展需健全的监管和法律环境来保障公平竞争和消费者权益。然而，当前中国的监管体系仍存在一些不够完善的方面，如监管标准的参差不齐、监管方式的滞后等。政府应加强对数字经济的监管和规范，完善相关法律法规，为数字经济的健康发展提供良好的法律环境。

三、中国数字经济发展水平测度

（一）数字经济发展水平评价指标体系

国内众多机构和学者对数字经济指数进行了测度，自 2015 年以来许多机构开始构建数字经济衡量指标体系测算中国数字经济发展指数。例如，国家工业信息安全发展研究中心从数字产业化、产业数字化、数字化治理三个方面测算了省域数字经济发展指数（DEAI）；中国信息通信研究院从数字技术、数字基础设施、数字市场和数字治理四个维度衡量全球数字经济发展指数（TIMG）。财新智库从数字经济产业指数、数字经济融合指数、数字经济溢出指数和数字经济基础设施指数四个维度构建了数字经济指数（DEI）并对省域数字经济指数进行了测算。这些指数的测算方法和基本原理类似，但所选指标、数据来源等差异较大。

鉴于市级数据的可获得性和研究目标，本书从数字化基础设施、数字产业化、产业数字化三个维度构建了数字经济发展水平评价指标体系（表4-1）。

表4-1 数字经济发展水平评价指标说明及权重

一级指标	二级指标	指标说明	性质	权重（%）
数字化基础设施	移动互联网基础	移动电话用户数 / 总人口	正向	23.08
	互联网普及率	互联网用户数 / 总人口	正向	7.13
数字产业化	电信业务产出	人均电信业务总量	正向	13.33
	互联网从业人员数	计算机服务和软件业从业人员占比	正向	26.22
产业数字化	数字普惠金融发展	数字普惠金融指数	正向	28.37
	邮件业务量	人均邮政业务总量	正向	1.87

资料来源：笔者整理。

（二）数字经济发展水平评价方法

为避免主观因素影响，采取熵权法确定权重，其计算方法如下。

第一，为使不同单位和数量级的指标具有可比性，进行标准化处理。

$$正向指标：Z_{ij} = \frac{x_{ij} - \min_j(x_{ij})}{\max_j(x_{ij}) - \min_j(x_{ij})} \tag{4-1}$$

$$负向指标：Z_{ij} = \frac{\max_j(x_{ij}) - x_{ij}}{\max_j(x_{ij}) - \min_j(x_{ij})} \tag{4-2}$$

式（4-1）和式（4-2）中：j 为评价指标代码。

第二，计算指标比重 P。

$$P_{ij} = \frac{Z_{ij}}{\sum_{i=1}^{m} Z_{ij}} \qquad (4\text{-}3)$$

第三，计算信息熵 e。

$$e_j = -\frac{1}{\ln m} \sum_{i=1}^{m} P_{ij} \ln P_{ij} \qquad (4\text{-}4)$$

第四，计算指标的权重 w。

$$w_j = \frac{1-e_j}{\sum_{j=1}^{n}(1-e_j)} \qquad (4\text{-}5)$$

（三）数字经济发展水平测算结果

由于数据原因，测算了 2011~2020 年 242 个有上市企业的城市的数字经济发展水平。从 2020 年的数据来看，数字经济发展水平最低的为山东省日照市（0.2344）[①]，最高的为北京市（0.6310），均值为 0.3385，标准差为 0.0611。

对以上城市的数字经济发展水平运用 K–Means 分类法分成高水平组、较高水平组、中等水平组、较低水平组和低水平组 5 类，聚类结果如表 4-2 所示。

表 4-2　城市数字经济发展水平聚类情况（2020 年）

类别	城市
高水平组（0.6310）	1 个：北京
较高水平组（0.5448）	9 个：郑州、南京、珠海、杭州、深圳、拉萨、上海、厦门、广州

---

① 由于数据缺失，山东省日照市数据为 2015 年数据。

续表

类别	城市
中等水平组（0.4236）	19个：大连、西安、武汉、呼和浩特、哈尔滨、苏州、西宁、石家庄、合肥、无锡、长沙、乌鲁木齐、成都、许昌、昆明、莆田、福州、济南、揭阳
较低水平组（0.3597）	68个：太原、常州、海口、兰州、衢州、桂林、贵阳、宁波、中山、南昌、三亚、湖州、嘉兴、沈阳、舟山、金华、东莞、洛阳、青岛、天津、丽水、扬州、佛山、温州、长春、盐城、晋城、台州、镇江、南通、新余、芜湖、南宁、徐州、威海、泰州、肇庆、汕头、东营、泉州、淄博、烟台、淮安、马鞍山、银川、咸宁、惠州、廊坊、连云港、龙岩、乌海、宿迁、潮州、锦州、重庆、宁德、黄石、秦皇岛、克拉玛依、云浮、绍兴、张家口、漯河、北海、梅州、黄山、陇南、包头
低水平组（0.3030）	145个：江门、信阳、牡丹江、鄂州、南阳、白银、株洲、景德镇、南平、潍坊、漳州、阳泉、宣城、保定、池州、襄阳、丹东、宜昌、枣庄、三明、大庆、营口、鄂尔多斯、内江、张家界、焦作、荆州、晋中、开封、淮北、咸阳、铜陵、酒泉、赣州、荆门、唐山、滨州、十堰、蚌埠、忻州、雅安、铜川、阳江、鸡西、泰安、德阳、茂名、吕梁、吉林、新乡、濮阳、湘潭、临沂、衡水、辽阳、济宁、通化、商洛、鹰潭、岳阳、绵阳、安阳、玉溪、柳州、宝鸡、湛江、乐山、长治、安庆、本溪、随州、上饶、六安、平顶山、盘锦、怀化、鞍山、白山、德州、天水、三门峡、常德、遵义、滁州、淮南、运城、汉中、贺州、郴州、邯郸、梧州、通辽、大同、阜阳、石嘴山、沧州、眉山、佳木斯、伊春、聊城、邢台、临汾、攀枝花、萍乡、益阳、商丘、丽江、七台河、齐齐哈尔、葫芦岛、衡阳、安顺、阜新、宜宾、贵港、自贡、临沧、赤峰、抚州、中卫、泸州、亳州、韶关、朝阳、广安、南充、永州、宜春、六盘水、乌兰察布、辽源、铁岭、菏泽、抚顺、延安、吴忠、玉林、武威、曲靖、遂宁、周口、孝感、达州、河池、日照

注：括号内数据为相应组别数字经济发展水平的均值。

资料来源：笔者整理。

从测算结果来看，中国城市数字经济发展水平呈"金字塔形"分布，低水平组城市个数为145个，远远大于其他组别的数量。高水平组只有1个，较高水平组也只有9个，这两个组别的数量之和不足观测总数的5%，从数据上看拥有绝对优势。高水平组的均值是中等水平均值的1.5倍，是低水平均值的2.1倍。最大值（北京市）是最小值（山东省日照市）的 2.7 倍。可以认为，中国数字化转型总体上处于起步阶段，整体水平偏低，仅少数发达城市处于引领地位。

同时，测算了 2011~2020 年各省区市数字经济发展水平（不包括港澳台地区）。从表 4-3 来看，2020 年数字经济发展水平最高的是北京，为 0.8694。最低的是黑龙江，为 0.2651。各省区市的数字化水平的均值为 0.3640。

表 4-3 省级数字经济发展水平（2020 年）

省区市	数字经济发展指数	排序	省区市	数字经济发展指数	排序
北京	0.8694	1	四川	0.3261	17
上海	0.7492	2	安徽	0.3176	18
天津	0.4733	3	山东	0.3160	19
广东	0.4625	4	西藏	0.3114	20
浙江	0.4440	5	新疆	0.3031	21
江苏	0.3869	6	湖北	0.3014	22
海南	0.3866	7	山西	0.3003	23
重庆	0.3620	8	广西	0.3002	24
青海	0.3488	9	河北	0.2965	25
陕西	0.3447	10	甘肃	0.2907	26
福建	0.3436	11	湖南	0.2842	27
贵州	0.3376	12	江西	0.2838	28
宁夏	0.3369	13	河南	0.2783	29
内蒙古	0.3315	14	吉林	0.2722	30
辽宁	0.3311	15	黑龙江	0.2651	31
云南	0.3279	16			

资料来源：笔者测算。

同样地，采取聚类方法把中国 31 个省区市的数字经济发展水平进行聚类分析，分成 5 组（表 4-4）。高水平组和较高水平组中均有 1 个（高水平组是北京，较高水平组是上海）。中等水平组有 3 个，较低水平组有 12 个，低水平组有 14 个。从这些数据来看，中国省级数字经济发展整体水平偏低。

表 4-4　省级数字经济发展水平聚类情况（2020 年）

类别	省区市
高水平组（0.8694）	1 个：北京
较高水平组（0.7492）	1 个：上海
中等水平组（0.4599）	3 个：天津、广东、浙江
较低水平组（0.3470）	12 个：江苏、海南、重庆、青海、陕西、福建、贵州、宁夏、内蒙古、辽宁、云南、四川
低水平组（0.2943）	14 个：安徽、山东、西藏、新疆、湖北、山西、广西、河北、甘肃、湖南、江西、河南、吉林、黑龙江

资料来源：笔者测算。

5

第五章

数字经济对企业经济
高质量发展影响的实证研究

　　企业是经济系统的微观主体，企业的高质量发展是实现经济高质量发展的重要方面和必要条件。本章把企业全要素生产率作为企业经济高质量发展的代理变量，并运用LP方法测算了A股上市企业的全要素生产率。以企业全要素生产率为被解释变量，构建经济计量模型对数字经济发展水平影响企业经济高质量发展进行了实证分析，验证了发展数字经济能显著促进企业经济高质量发展，并得出了一些有意义的实证结论，为相关政策建议的提出提供支撑。

一、企业经济高质量发展的表征

　　企业经济高质量发展可视作企业以不断提升发展质量为目标的内涵式、可持续发展，是全面提升企业能力和实现企业发展的动态过程。当前，对企业经济高质量发展的表征主要有两种方法：一是构建指标体系进行综合评价，二是用单一的客观指标进行测度。企业全要素生产率是企业内部各要素的综合生产率，可作为衡量企业经济高质量发展的重要指标（石大千等，2019）。在第二类方法上绝大部分学者以全要素生产率作为企业经济高质量发展的表征指标。对微观经济数据和基于可得性的宏观数据，采用全要素生产率作为经济增长可持续性的重要因素已成为学术界的共识（赵涛等，2020），因此本书将全要素生产率作为微观企业经济高质量发展的综合测度指标。

（一）全要素生产率的概念

　　全要素生产率是指总产出中不能被资本、劳动等生产要素投入增长解释的剩余，是经济高质量发展的一项重要指标。丁伯根（Tinbergen，1942）改进了柯布—道格拉斯（CD）生产函数，认为技术进步具有时间变化趋势。索洛（Solow，1957）继承丁伯根（Tinbergen）的思想，发现总产出增长率大于要素投入所带来的增长部分，索洛认为这是由技术进步带来的，因此也称"索洛余值"。Kendrick（1961）将"技术进步"称为"全要素生产率"（综合要素生产率）。自此，全要素生产率的概念被广泛使用，对全要素生产率的测算也通常采用余值法。Denison（1962）系统剖析了影响全要素生产率的影响因素，认为知识进步、资源配置改善、规模经济等是影响全要素生产率的重要因素。随后，国外学者对全要素生产率的测算方法进行了深入研究，主要有生产函数法、数据包络法、曼奎斯特指数法等方法。自改革开放以来，中国科学技术发展战略研究院、中国社会科学院数量经济与技术经济研究所等机构和李京文、史清琪等著名学者先后从事我国科技进步贡献率的测算研究工作，普遍认为全要素生产率（国内通常称科技进步）对推动我国经济增长起着关键作用。

（二）全要素生产率的测度方法

全要素生产率的测算往往是和经济增长的研究相互关联的。

1. 宏观层面的测度方法

（1）生产函数法。CD 生产函数是 1927 年美国数学家柯布（Cobb）和经济学家道格拉斯（Douglas）在对美国制造业有关历史资料进行深入分析的基础上得到的生产函数。其形式如式（5-1）所示：

$$Y = AK^{\alpha}L^{\beta} \tag{5-1}$$

式中：A 为一常数；K 为资本；L 为劳动力；α、β 分别为资本和劳动的弹性系数，并一般设定规模报酬不变即（$\alpha + \beta = 1$）。

除 CD 生产函数外，还有常替代弹性生产函数（CES）、可变替代弹性生产函数（VES）和超越对数生产函数等方法，这些生产函数虽更能刻画经济世界，但参数估计相对比较困难，因而应用较少。

（2）索洛余值法。索洛（Solow，1957）在对美国经济增长源泉进行实证分析时发现经济增长中除资本和劳动的贡献外，还存在一个"余值"。索洛认为这个余值是由技术进步带来的。用公式表示如下：

$$a = y - \alpha k - \beta l \qquad (5-2)$$

式中：a 为技术进步，y 为经济增长率，α 为资本的弹性系数，β 为劳动的弹性系数，k 为资本的增长率，l 为劳动的增长率。

索洛余值法把全要素生产率作为一项"余值"，不能进一步揭示其内在机制。

（3）丹尼森增长因素分析法。美国著名经济学家丹尼森（Denison，1962）利用历史统计资料对美国经济增长的因素进行了详细分析。他认为，索洛测算的美国 1909~1949 年技术进步贡献率偏高主要是对投入要素增长率的低估造成的。他将投入要素分为生产要素和全要素生产率两类。对生产要素又进行更细致的划分，把资本投入要素细分为非住宅建筑和设备、存货等项；并用工时和受教育程度修正了劳动投入要素。全要素生产率则包括知识进步、技术应用、规模经济等项。

丹尼森这一细致的分类，为后人研究如何准确测算广义的科技进步（全要素生产率）对经济增长的作用提供了一种新的思路，然而因其对数据的要求极高，故在实际测算中运用非常少。

（4）随机前沿生产函数法。随机前沿生产函数最早是由安吉纳（Aigner）、劳沃（Lovell）、斯密得（Schmidt）等于 1977 年提出的，将全要素生产率的变化分解为生产可能性边界的移动和技术效率的变化，将影响全要素生产率的因素从全要素生产率的变化中分离出来，从而更加深入地分析经济增长的根源。同时考虑随机冲击效应与技术无效率是随机前沿生产函数的精髓。早期的研究中，随机前沿模型主要应用横截面数据，后来逐渐发展为使用面板数据。

（5）指数法。全要素生产率指数是一个生产单元在一定时期内的总产出和总投入比。指数法实际上是一种统计方法，由肯德里克（Kendric）和丹尼森（Denison）开创，后经乔根森（Jorgensen）和格里利谢斯（Griliches）等发展而成熟。用公式可表示如下：

$$TFP_{st} = \frac{Y_t / Y_s}{X_t / X_s} = \frac{Y_t / X_t}{Y_s / X_s} \tag{5-3}$$

式中：s 为基期，t 为报告期，X 为投入，Y 为产出。

从全要素生产率的定义可以看出，全要素生产率增长是科技进步、技术效率和规模效率等提高的综合体现。而且，对全要素生产率的度量，必须转化为对总投入和总产出指数的计算，而现实中的生产单元，大多是多投入多产出的，这就必须使用综合指数来度量。1989 年，Fare 等将 Malmquist（1953）的思想运用到生产分析上，将全要素生产率变动分解为技术变动与技术效率变动的乘积。

（6）数据包络分析（DEA）。生产前沿面根据构造方法可分为随机前沿生产函数法和确定性生产前沿函数法，确定性生产前沿函数法的代表方法是数据包络分析。数据包络分析以相对效率概念为基础，用线性规划方法来评价单元效率，适用于多投入多产出的边界生产函数的研究。

2. 微观层面的测度方法

由于数据可获得性的原因，早期有关全要素生产率的测度研究绝大部分是基于省级甚至是国家级的数据进行测度的。随着企业微观层面统计数据可获得性的不断增强及计量方法的进步，对全要素生产率的研究逐渐延伸到企业层面。企业全要素生产率估计方法通常用索洛余值法，采用最小二乘法（OLS）进行估计得到企业的全要素生产率。由于企业异质性及相关数据可获得性，用最小二乘法估计测度企业全要素生产率通常会遇到内生性、样本选择偏误、价格指数影响效应、多产品与单一产品等因素导致的参赛识别问题，存在较大缺陷。

为了克服这些问题，Olley 和 Pakes（1996）在测算中考量了企业决策行为，其基本思路是通过利用可观测的变量（企业投资）作为不可观测的变量（企业全要素生产率）的代理变量，从而解决存在的内生性问题。该模型通常被称为 OP 模型或 OP 方法，是测算企业全要素生产率的一种主流方法。

OP 模型设定生产函数的对数形式如下：

$$\ln Y_{it} = w_{it} + \alpha \ln K_{it} + \beta \ln L_{it} + \gamma \ln G_{it} + \varepsilon_{it} \tag{5-4}$$

式中：Y 为产出，w 为企业状态变量，k 为资本投入，L 为劳动投入，G 为企业年龄，i 为企业代号，t 为时间，α、β、γ 分别为资本、劳动、年龄的产出弹性。

OP 方法虽能解决最小二乘法存在的联立性偏误，但仍存在一个重大缺陷，即会损失数据使有效数据大幅减少。基于 OP 方法的缺陷，Levinsohn 和 Petrin（2003）改进了 OP 方法，采用中间投入作为代理变量，保障了样本的数量，这种方法称为 LP 方法。在实际应用中最常用的是 OP 方法和 LP 方法。

3. 测度方法

由于 LP 方法相对 OP 方法的优势，采用 LP 方法来测算企业的全要素生产率（TFP_LP），模型如下：

$$\ln Y_{st} = \lambda_0 + \lambda_1 \ln L_{st} + \lambda_2 \ln K_{st} + \lambda_3 \ln M_{st} + \omega_{st} \tag{5-5}$$

式中：s 为企业代号；t 为年份；Y 为企业主营业务收入（万元）；L 为企业劳动投入（人），用员工人数衡量；K 为企业资本投入（万元），用固定资产净额衡量；M 为企业中间投入（万元），为营业成本、销售费用、管理费用、财务费用之和再扣除折旧摊销和支付给职工及为职工支付的现金；ω 为误差项。将样本进行固定效应回归后，以残差测度企业全要素生产率。

为消除价格因素影响，根据《中国统计年鉴》发布的历年国内生产总值和国内生产总值指数折算出 GDP 平减指数，而后用 GDP 平减指数将以货币为单位的变量名义值换算成实际值。为保证各变量非负，在取对数前对上述变量做加 1 处理。

二、研究设计

（一）样本选择和数据来源

以 2011~2020 年沪深 A 股上市企业作为研究样本，对原始数据进行以下处理：①剔除金融行业数据；②剔除被标记退市的企业；③剔除数据缺失或异常的企业数据；④剔除被标记为 ST 的企业数据；⑤对连续变量进行 1% 和 99% 缩尾处理。同城市层面的数字经济发展水平和宏观控制变量通过年份和城市区域代码相匹配，并再次剔除缺失值，预处理后得到观测样本共 24182 个，包含 244 个城市、3195 家企业的非平衡面板数据。

上市企业相关指标数据源于国泰安数据库，数字经济发展水平相关指标数据源于国家统计局历年发布的《中国城市统计年鉴》和北京大学数字金融研究中心发布的《北京大学数字普惠金融指数》，控制变量数据源于《中国统计年鉴》和国泰安数据库，对少量缺失值数据采用插值法处理。

（二）模型设计

为检验数字经济发展是否能够提高全要素生产率，构建以下基准回归模型：

$$TFP_{ijst} = \alpha + \beta DE_{it} + \boldsymbol{\gamma' control}_{ijst} + \rho_i + \mu_j + \sigma_s + \tau_t + \varepsilon_{ijst} \qquad （5-6）$$

式中：i、j、s 和 t 分别为城市、行业、企业和年份；TFP_{ijst} 为企业全要素生产率；DE_{it} 为数字经济发展水平；$\boldsymbol{control}$ 为控制变量列向量，

γ 为控制变量系数列向量；ρ_i、μ_j、σ_s 和 τ_t 分别为城市、行业、企业和年份固定效应；ε_{ijst} 为随机误差项；β 为数字经济发展水平对企业 TFP 的影响。

（三）变量定义与衡量

1. 被解释变量
被解释变量为企业全要素生产率（TFP）。企业全要素生产率的内涵及测度见前文部分内容。

2. 核心解释变量
核心解释变量为数字经济发展水平（DE）。数字经济发展水平评价体系和测算方法详见本书第四章部分内容。

3. 控制变量
从宏观环境层面和微观企业层面选取对企业全要素生产率带来影响的控制变量（表 5-1）。选取的控制变量有 9 个。①经济发展水平（$\ln gdp$）：高经济发展水平能够为企业发展提供优越的发展环境，包括基础设施和服务水平，有助于提高企业全要素生产率，以实际人均 GDP 衡量，并加入其平方项考察非线性影响。②科技教育投入（STE）：科技和教育投入能够为企业发展提供技术和人力资本的支持，对全要素生产率提高产生积极影响。③产业结构（$Structure$）：相较于第一产业，第二产业、第三产业对技术和高素质人才的依赖程度更高、更具规模效应，生产效率更高，因此第二产业、第三产业占比更高的城市企业全要素生产率往往更高。④总资产周转率（ATO）：总资产周转率越高，往往意味着资产利用效率越高，对全要素生产率有积极影响。⑤总资产净利润率（ROA）：该指标反映了企业盈利能力，而通常盈利状况越好，企业全要素生产率越高。⑥管理费用率（$Mfee$）：管理费用比例降低，能够节约企业资金，提高企业竞争力。⑦营业收入增长率（*Growth*）：营业收入增长意味着企业经营状况改善和市场规模扩大，与全要素生产率呈正向关系。⑧企业负债率（*Lev*）：过高的负债率会增加企业偿债压力，不利于企业发展，但一定程度的负债融资可促进企业扩张和降低企业成本，有利于提高企业全要素生产率。⑨企业年龄（*Firm Age*）：企业成立年限越久，越有利于企业技术和管理经验的积累，进而有利于提高全要素生产率。

表 5-1　微观经济高质量发展计量模型控制变量名称与说明

控制变量	变量符号	变量说明
经济发展水平	ln*gdp*	ln（人均 GDP/GDP 平减指数）
科技教育投入	*STE*	（科技支出 + 教育支出）/GDP × 100%
产业结构	*Structure*	（第二产业增加值 + 第三产业增加值）/GDP × 100%
总资产周转率	*ATO*	营业收入 / 平均资产总额 ×100%
总资产净利润率	*ROA*	净利润 / 总资产平均余额 ×100%
管理费用率	*Mfee*	管理费用 / 营业收入 ×100%
营业收入增长率	*Growth*	（本年营业收入 / 上一年营业收入 –1）×100%
资产负债率	*Lev*	年末总负债 / 年末总资产 ×100%
企业年龄	*Firm Age*	ln（当年年份 – 公司成立年份 +1）

资料来源：笔者整理。

（四）变量描述性统计

本书涉及的所有变量的描述性统计如表 5–2 所示，被解释变量 *TFP_LP* 平均值为 8.921，最小值为 5.541，最大值为 13.368，最大值是最小值的 2.4 倍，表明各企业全要素生产率存在较大差距；主要解释变量 *DE* 平均值为 0.348，最小值为 0.068，最大值为 0.631，最大值是最小值的 9.3 倍，表明各城市数字经济发展水平极不均衡。

表5-2　微观经济高质量发展计量模型变量描述性统计

变量	样本量	平均值	标准差	最小值	最大值
TFP_LP	24182	8.921	1.111	5.541	13.368
DE	24182	0.348	0.118	0.068	0.631
$\ln gdp$	24182	11.412	0.531	8.773	13.056
STE	24182	2.841	1.507	0.017	19.476
$Structure$	24182	95.673	4.790	53.040	99.970
ATO	24182	64.127	44.492	4.832	303.520
ROA	24182	3.716	6.755	−45.164	23.251
$Mfee$	24182	9.546	8.337	0.781	79.681
$Growth$	24182	16.875	47.061	−67.474	557.031
Lev	24182	43.045	20.699	3.304	92.692
$Firm\,Age$	24182	2.868	0.349	1.386	3.584
$Market$	2820	0.287	0.045	0.072	0.433
II	2877	1.696	1.379	0.011	7.777
LIE	18541	0.259	0.323	0	3.918

注：$Market$ 为社会市场化水平，II 为创新指数，LIE 为劳动投资效率。

三、实证分析

（一）基准回归分析

为验证数字经济发展对企业全要素生产率的影响，利用模型（5-6）进行多元回归分析，回归结果如表5-3中列（1）、列（2）、列（3）所示。其中，列（1）报告了未加入控制变量的回归结果，数字经济发展水平的系数为1.0702，在1%的水平上正向显著；列（2）报告了加入控制变量的回归结果，数字经济发展水平的系数为1.5824，在1%的水平上正向显著；列（3）表明在加入控制变量并设定年份、城市、行业、企业的固定效应后数字经济发展水平的系数为 0.3374，依然在 1% 的水平上正向显著，表明发展数字经济能显著提升企业全要素生产率。从控制变量结果来看，人均 GDP 的系数为正且在 1% 的水平上正向显著，其二次项的系数为负且在 1% 的水平上显著，表明经济发展水平对企业全要素生产率产生非线性的正向作用；科技教育投入的系数为正且在 1% 的水平上显著，表明科技教育投入可对企业全要素生产率提高产生积极影响；总资产净利润率、管理费用率、营业收入增长率、企业负债率、企业年龄等企业层面控制变量也与理论分析预期一致，在一定程度上验证了回归结果的可靠性。

表 5-3 微观经济高质量发展计量模型基准回归结果

变量	（1）	（2）	（3）
DE	1.0702***	1.5824***	0.3374***
	（0.0603）	（0.0600）	（0.0946）
$\ln gdp$		2.9513***	0.7061***
		（0.2868）	（0.2347）
$\ln gdp^2$		−0.1353***	−0.0310***
		（0.0125）	（0.0101）
STE		0.0322***	0.0100***
		（0.0033）	（0.0037）
$Structure$		0.0047***	0.0146***
		（0.0017）	（0.0033）
ATO		0.0083***	0.0081***
		（0.0001）	（0.0001）
ROA		0.0248***	0.0065***
		（0.0008）	（0.0004）
$Mfee$		−0.0408***	−0.0294***
		（0.0006）	（0.0004）
$Growth$		−0.0000	0.0009***
		（0.0001）	（0.0000）

续表

变量	（1）	（2）	（3）
Lev		0.0220*** （0.0003）	0.0074*** （0.0002）
Firm Age		0.0762*** （0.0142）	0.1076*** （0.0330）
Constant	8.5485*** （0.0221）	−9.5896*** （1.5718）	2.4636* （1.2940）
年份/城市/行业/企业	—	—	固定
R^2	0.013	0.459	0.616

注：括号内数字为标准误，***、**、* 分别表示 1%、5%、10% 的显著性水平，下同。
资料来源：笔者整理。

（二）内生性分析

前文的实证研究表明，数字经济发展水平能显著影响企业的全要素生产率水平，但也有研究认为数字经济发展水平与企业全要素生产率水平存在反向因果问题（赵宸宇，2021），即可能存在企业全要素生产率水平越高、其所在地区的数字经济水平越高而导致的内生性问题。因此，本书为进一步确保实证研究结果的可靠性，借鉴黄群慧等（2019）的研究，采用 1984 年每百万人邮局数作为数字经济发展水平的工具变量缓和可能存在的内生性问题。首先，邮局系统是一个时期内人们主要的信息沟通方式，中国互联网技术的发展与邮局系统存在密切关联，邮局数量多的地区极有可能互联网普及率也较高，因此，邮局数量作为数字经济发展水平的工具变量满足了相关性要求。其次，由于信息技术的变革，历史上邮局数量对企业全要素生产率没有直接影响，满足了作为工具变量的排他性要求。由于采用的工具变量是截面形式，无法直接用于面板数据分析，借鉴 Nunn 和 Qian（2014）的研究，加入一个随时间变化的数据与之相乘，得到面板数据，采用研究中上一年度电信业务从业人员占比与每百万人邮局数量相乘，得到数字经济发展水平的工具变量

（IV）。另外，考虑到 1984 年后中国行政区域的变化，对数据进行了相应调整，剔除了行政区域变化较大的城市。

对该工具变量进行两阶段最小二乘估计，估计结果如表 5-4 所示，数字经济对企业全要素生产率的效应依旧成立，且均在 1% 的水平上显著。此外，由 Kleibergen–Paap rk LM 统计量结果可知，不存在工具变量识别不足问题；Kleibergen–Paap rk Wald F 统计量远大于 10% 的临界值（16.38），排除弱工具变量问题。总之，数字经济对企业全要素生产率的促进效应依然稳健。

表 5-4 微观经济高质量发展计量模型工具变量回归结果

变量	一阶段回归	二阶段回归
	DE	TFP_LP
DE		1.2289*** （0.331）
IV	0.000128*** （< 0.001）	
年份 / 城市 / 行业 / 企业固定效应	控制	控制
Kleibergen–Paap rk LM 统计量		1833.097***
Kleibergen–Paap rk Wald F 统计量		2519.212
R^2		0.512

资料来源：笔者整理。

（三）稳健性检验

1. 替换解释变量

一是采用北京大学数字普惠金融指数（$DE2$）替换的数字经济发展水平进行回归，结果如表 5-5 列（1）所示；二是采用主成分法测算数字经济发展水平（$DE3$）替换数字经济发展水平进行回归，结果如表 5-5 列（2）所示。回归结果显示，数字经济对全要素生产率的作用依旧显著，可认为数字经济对全要素生产率的影响较为稳健。

表 5-5　微观经济高质量发展计量模型的稳健性检验

变量	（1）替换解释变量	（2）替换解释变量	（3）替换被解释变量	（4）替换被解释变量	（5）剔除2020年数据	（6）剔除直辖市
	TFP_LP	*TFP_LP*	*TFP_OLS*	*TFP_OP*	*TFP_LP*	*TFP_LP*
DE2	0.0009**　（0.0004）					
DE3		0.0077**　(0.0038)				
DE			0.2524**　（0.1039）	0.3651***　（0.1042）	0.4665***　（0.1139）	0.3314***　（0.1091）
年份固定效应	控制	控制	控制	控制	控制	控制
城市固定效应	控制	控制	控制	控制	控制	控制
行业固定效应	控制	控制	控制	控制	控制	控制
企业固定效应	控制	控制	控制	控制	控制	控制
样本量	24182	24182	24182	24182	18428	19137
R^2	0.616	0.616	0.578	0.610	0.611	0.625

注：受篇幅限制，只报告了核心解释变量数字经济发展水平 *DE* 的回归系数。
资料来源：笔者整理。

2. 替换被解释变量

分别采用传统的 OLS 方法计算企业全要素生产率（*TFP_OLS*）和 OP 方法计算企业全要素生产率（*TFP_OP*），结果如表 5-5 列（3）和列（4）所示，数字经济对全要素生产率的作用依旧显著，可认为数字经济对全要素生产率的影响较为稳健。

3. 剔除 2020 年数据

由于 2020 年《中国城市统计年鉴》统计指标较少，采取插值法处理，且在 2020 年企业受到新冠疫情的影响导致低估全要素生产率，这均可能影响结论的稳健性。为尽可能多地保留样本，在基准回归中未予以剔除，而在稳健性检验中予以剔除，结果如表 5-5 列（5）所示，数字经济对全要素生产率的作用依旧显著，可认为数字经济对全要素生产率的影响较为稳健。

4. 剔除直辖市

四个直辖市在行政地位、经济发展水平、人口规模等方面与其他城市具有较大差异，可能会影响研究结论的准确性，因此将直辖市样本剔除后重新估计，结果如表 5-5 列（6）所示，发展数字经济仍能显著促进上市公司全要素生产率的提高。

（四）异质性分析

1. 所有权异质性

在我国，国有企业和非国有企业在经济活动中存在较大差异，国有企业并不以利润最大化为目标，而是把稳定就业和保障国计民生放在更重要的位置；非国有企业一般以利润最大化为目标，善于抓住数字化转型提高全要素生产率的机遇，对市场化改革的响应更为敏捷，能够充分享受到资本、劳动、技术、数据等生产要素市场化带来的好处，本应是发展数字经济的引领者。但是如表 5-6 列（1）、列（2）所示，对于国有企业而言，数字经济发展水平的回归系数为 0.3687，且在 1% 的水平上显著；对于非国有企业而言，数字经济发展水平的回归系数为 0.3299，也在 1% 的水平上显著。结果表明，发展数字经济对国有企业和非国有企业提升全要素生产率均有显著的促进作用，但对国有企业的促进作用稍大些。其原因可能有两方面：一是在数字化转型过程中，国有企业能够获得政策和资金上的支持，非国有企业虽然倾向主动应用数字技术提高效率，但局限于资金、技术和政策等多方面因素，其转型慢于国有企业。根据中国上市公司协会发布的《中国上市公司数字经济白皮书 2022》，在已经推进数字化转型的上市公司中民营控股占比 54%，而民营企业在上市公司中占比超过 2/3。二是数字经济发展加速了市场化改革进程，加剧了国有企业面临的竞争，进一步激发了国有企业的活力，其效果要强于对非国有企业的积极作用。因此，发展数字经济对国有企业和非国有企业提升全要素生产率均有显著的促进作用，且对国有企业作用更为明显。

表5-6　微观经济高质量发展计量模型异质性分析

变量	（1） 国有 企业 *TFP_LP*	（2） 非国有 企业 *TFP_LP*	（3） 高技术 产业 *TFP_LP*	（4） 非高技术 产业 *TFP_LP*	（5） 高行政 级别城市 *TFP_LP*	（6） 普通 城市 *TFP_LP*
DE	0.3687***	0.3299***	0.3315***	0.2539*	0.2330*	0.3497**
	（0.1350）	（0.1241）	（0.1158）	（0.1437）	（0.1354）	（0.1567）
控制变量	控制	控制	控制	控制	控制	控制
年份固定效应	是	是	是	是	是	是
城市固定效应	是	是	是	是	是	是
行业固定效应	是	是	是	是	是	是
企业固定效应	是	是	是	是	是	是
样本量	8675	15507	13993	10189	12291	11891
R^2	0.596	0.645	0.611	0.618	0.621	0.624

资料来源：笔者整理。

2. 产业异质性

高技术产业是指国民经济行业中R&D投入强度相对较高的行业，依据国家统计局印发的《高技术产业（制造业）分类（2017）》的统计标准，高技术产业包括：医药制造业，航空、航天器及设备制造业，电子及通信设备制造业，计算机及办公设备制造业，医疗仪器设备及仪器仪表制造业、信息化学品制造业六大类。高技术产业是知识密集型、技术密集型产业，关键技术研发难度大、周期长，一旦研发成功将带来较大经济效益和社会效益。曼奎斯特生产率指数可分解为技术进步与技术效率两项的乘积，即全要素生产率的提升主要源于技术进步与技术效率两个方面。高技术产业的全要素生产率的提高主要源于技术进步，有研究表明我国高技术产业中技术进步对全要素生产率的贡献率为85.2%，技术效率变化的贡献率为14.8%（王大鹏，2011）。

把企业分成高技术产业和非高技术产业进行分组回归。表5-6列（3）为高技术产业回归结果，数字经济发展水平的回归系数为0.3315且在1%的水平上显著；表5-6列（4）为非高技术产业回归结果，回归系数为0.2539，且在10%的水平上显著。结果表明，发展数字经济对高技术产业和非高技术产业的全要素生产率提升均有显著促进作用，但更有利于高技术产业的全要素生产率的提升。其原因可能有两个方面：一是较多数字产业隶属高技术产业，大力发展数字经济的一个主要方面就是推动数字产业化，这些数字产业在数字经济水平提升的进程中得到技术、政策方面的支持，这对于全要素生产率的提升具有较大促进作用。二是相较于非高技术产业，高技术产业的技术密集程度更高，产业链更复杂，数字经济在技术进步和效率提升上的发挥空间更大，使高技术产业从中受益更多。

3. 城市行政级别异质性

前文的实证结果表明，市场化机制的完善能显著提升全要素生产率。现将企业所在城市分高行政级别城市（直辖市或副省级城市）和普通城市进行分组回归分析，表5-6列（5）报告了直辖市或副省级城市的估计结果，数字经济发展水平系数为0.2330且在10%的水平上显著；表5-6列（6）报告了普通城市的估计结果，数字经济发展水平系数为0.3497且在5%的水平上显著。

可以看出，无论是高行政级别城市还是普通城市，发展数字经济均能显著提高企业全要素生产率。相对来说，对地处普通城市的企业全要素生产率增长的作业更大。原因可能在于两个方面：一方面，直辖市或副省级城市凭借行政级别的优势（包括高补贴、低税收、人才优势、融资便利、基础设施完善等）吸引大量企业入驻；另一方面，高行政级别的城市政府对经济干预有较大的动机，导致资源错配（江艇等，2018），致使市场化的作用相对较弱，因而发展数字经济对企业全要素的提升作用也较弱。这表明，相对公平竞争的市场环境将更有利于发挥数字经济对全要素生产率的促进作用。

四、机制分析

依据本书第二章的理论分析，市场化在宏观、中观、微观三个层面都将有效影响企业全要素生产率。囿于数据的可获得性，分别选取全社会市场化指数、创新指数和企业劳动投资效率三个指标实证分析市场经济体制的作用。

（一）全社会市场化指数

在国内对全社会市场化指数进行研究的重要代表性成果是《中国分省份市场化指数报告（2021）》（王晓鲁等，2021），该研究从政府与市场关系、非国有经济发展、产品市场发育程度、要素市场发育程度、市场中介组织的发育和法律制度环境五个维度构建了市场化指数评价体系，并分省份进行了综合评价。但这一数据为省级层面数据，参考这一方法，并融合纪玉俊和孙红梅（2020）、张治栋和张凯（2023）的研究构建市域全社会市场化指数，由于各个维度重要性相当但指标波动差异较大，通过在离差标准化后线性加权得到市场化指数，评价体系如表 5-7 所示。市场化指数相关指标基础数据源于《中国城市统计年鉴》。

表 5-7　市域全社会市场化指数评价体系

指标维度	指标说明	性质	权重
政府与市场的关系	财政支出 /GDP	负向	20%
非国有经济发展	私营、个体从业人数 / 总就业人数	正向	20%
产品市场发育程度	限额以上批发零售企业数 / 销售额	正向	20%
要素市场发育程度	外商直接投资 /GDP	正向	20%
市场中介组织的发育和法律制度环境	租赁与商业服务业人数 / 总就业人数	正向	20%

资料来源：笔者整理。

从政府与市场的关系、非国有经济发展、产品市场发育程度、要素市场发育程度和中介组织的发育和法律制度环境五个维度构建市域全社会市场化指数的评价指标体系，在一定程度上能反映公平竞争程度和社会资源配置情况，因此把该指标作为宏观视角的机制检验指标。

在机制分析中，通过数字经济水平对全社会市场化水平回归的结果表明发展数字经济能否通过全社会市场化水平提高全要素生产率。根据表 5-8 列（1）的回归结果，发展数字经济能显著提升全社会的市场化水平，即数字经济的发展能通过影响全社会市场化水平促进企业全要素生产率的提高。

表 5-8　微观经济高质量发展计量模型的机制分析

变量	（1）	（2）	（3）
	Market	*II*	*LIE*
DE	0.1091***	2.089***	0.4080***
	（0.0231）	（0.2612）	（0.1211）
年份固定效应	控制	控制	控制
城市固定效应	控制	控制	控制
行业固定效应	—	—	控制
企业固定效应	—	—	控制
样本量	2820	2877	18331
R^2	0.246	0.9751	0.210

注：*Market*、*II*、*LIE* 三个变量的描述性统计见表 5-2。

资料来源：笔者整理。

（二）创新指数

从前述的理论分析可知市场机制能激发技术创新和增强技术扩散带动行业发展，通过知识溢出提高企业全要素生产率。

根据历年的《中国城市和产业创新力报告》整理出 2011~2020 年各城市创新指数（*II*）数据，以此作为技术创新的代理变量。技术创新可反映在创新投入（R&D 投入、创新人员数等）和产出（专利）上，同时新技术也会带来新的创业机会，两者同属于"创造性破坏"的结果，即遵循"知识分散—市场不均衡—企业家套利—知识传播—市场向均衡收敛—企业家创新—打破市场均衡—企业家在创新基础上套利"的路径（刘伟丽和杨景院，2022），而创新指数基于创新投入和创新产出及企业新注册数量等微观数据测算得到，因而可反映技术创新情况。

在机制分析过程中对创新指数加 1 取对数处理，回归结果如表 5-8 列（2）所示，创新创业指数对数字经济的回归系数为 2.089，且在 1% 的水平上显著，表明数字经济发展能够促进技术创新和技术扩散，使企业受益。

（三）企业劳动投资效率

数字经济发展可有效提升企业劳动投资效率（翟淑萍等，2022）。把企业劳动投资效率作为企业资源配置效率的代理变量，借鉴 Pinnuck 和 Lillis（2007）的方法估计劳动投资效率的最优值。用实际劳动投资与劳动投资效率的最优值差的绝对值表示劳动投资偏离程度，偏离程度越高，表明劳动投资效率越低，因此，该指标为全要素生产率（TFP）的负向指标，故在此基础上取负号表示劳动投资效率（LIE）。如表 5-8 列（3）所示，劳动投资效率对数字经济的回归系数为 0.4080，且在 1% 的水平上显著，表明数字经济发展能提高企业资源配置效率，进而提高全要素生产率。

五、本章小结

本章梳理了全要素生产率的概念演变和宏观经济和微观企业的全要素生产率的测算方法。把企业全要素生产率作为企业经济高质量发展的代理变量，对我国 3195 家上市企业 2011~2020 年的全要素生产率进行了测算。

以 2011~2020 年沪深 A 股上市企业数据为样本，对数字经济发展水平对上市企业全要素生产率的影响进行了实证研究，实证结论表明：①发展数字经济能显著提高企业全要素生产率；②相较于非国有企业而言，发展数字经济更有利于国有企业全要素生产率的提升；③相较于非高技术产业而言，发展数字经济更有利于高技术产业的全要素生产率的提升；④相较于地处高行政级别城市的企业而言，发展数字经济更有利于地处普通城市的企业全要素生产率的提升；⑤发展数字经济能在营造法治公平的环境和提高社会资源配置效率、激励创新和加速技术扩散、提高企业资源配置效率三个层面显著提高市场化水平，完善的社会主义市场经济体制能促进企业全要素生产率的提升。

6

第六章

数字经济对宏观经济
高质量发展影响的实证研究

　　市域经济是宏观经济的缩影，各地级市实现了高质量发展，我国宏观经济实现高质量发展的目标就指日可待。本章基于经济高质量发展的内涵，从新发展理念的角度构建了经济高质量发展水平评价体系，并对我国地级市经济高质量发展水平进行了测算。以地级市经济高质量发展水平为被解释变量构建经济计量模型，验证了发展数字经济能显著促进宏观经济高质量发展，并进行了异质性分析，从市场化角度进行了机制分析。

一、宏观经济高质量发展的表征

　　习近平总书记指出："高质量发展，就是能够很好满足人民日益增长的美好生活需要的发展，是体现新发展理念的发展，是创新成为第一动力、协调成为内生特点、绿色成为普遍形态、开放成为必由之路、共享成为根本目的的发展。"

　　高质量发展本身是一个综合性很强的概念，大量文献对经济高质量发展的测度展开研究。基于经济高质量发展的内涵和特征从创新、协调、绿色、开放和共享的维度构建经济高质量发展的综合评价体系，并对宏观经济高质量发展水平进行测度。

（一）构建经济高质量发展指标体系的原则

　　构建经济高质量发展指标体系时应遵循三个原则：一是完备性原则，即每一级指标都能充分反映上一级指标的内涵；二是有限但有效原则，即每一级指标的选取要尽可能少，但所选指标要能够有效反映上一级指标的内涵；三是可操作性原则，即所选指标可度量且数据可获取。

（二）经济高质量发展指标体系

笔者借鉴刘佳等（2021）的研究成果，从创新、协调、绿色、开放和共享的角度构建经济高质量发展的指标体系（表6-1）。采用熵权法进行综合评价。

表 6-1　经济高质量发展指标体系

一级指标	二级指标	指标内涵	单位	性质
创新发展	科教投入	科技投入 / 财政支出	%	正向
		教育投入 / 财政支出	%	正向
	专利申请	专利申请数合计	个	正向
协调发展	金融发展	金融存款余额 / 金融贷款余额	%	正向
	人民生活	人均 GDP	元	正向
	产业结构	第三产业占比	%	正向
绿色发展	三废排放	废水排放量 / 工业产值	吨 / 万元	负向
		废尘排放量 / 工业产值	吨 / 万元	负向
		SO_2 排放量 / 工业产值	吨 / 万元	负向
	污染物处理	一般工业固废综合利用率	%	负向
		生活垃圾无害化处理率	%	负向
		污水处理厂集中处理率	%	负向
开放发展	外资概况	实际使用外资金额	亿美元	正向
	外企概况	外资企业总产值	亿元	正向
	外资企业个数	外资企业个数	个	正向
共享发展	社会福利	每万人医师数	人	正向
		在岗职工工资	元	正向
		城市绿化率	%	正向
	消费水平	社会零售品消费 /GDP	%	正向
	政府负担	财政支出 / 财政收入	%	正向

资料来源：笔者整理。

二、研究设计

（一）样本选择和数据来源

选取 2011~2020 年 271 个城市为研究样本，数字经济发展水平数据来自《中国城市统计年鉴》和《北京大学数字普惠金融指数》，经济高质量发展数据来自《中国城市统计年鉴》和中国研究数据服务平台（CNRDS），控制变量数据来自《中国城市统计年鉴》，部分缺失值采用插值法处理得出。

（二）模型设计

为检验数字经济发展是否能够有效地提升经济高质量发展，构建以下基准回归模型：

$$qua_{it} = \alpha' + \beta'DE_{it} + \boldsymbol{\theta}'\boldsymbol{control}_{it} + \rho_i' + \tau_t' + \varepsilon_{it}' \qquad （6-1）$$

式中：i 为城市代号；t 为年份，qua 为经济高质量发展水平；$\boldsymbol{control}$ 为控制变量列向量；$\boldsymbol{\theta}$ 为控制变量系数列向量；ρ_i' 和 τ_t' 分别为城市和年份固定效应；ε_{it}' 为随机误差项；β' 为数字经济发展水平对城市高质量发展的影响。

（三）变量定义与衡量

1. 被解释变量

被解释变量是高质量发展（qua）。参考刘佳等（2021）的研究，依据本书研究目标，从新发展理念的维度构建评价指标体系，共设 5 个一级指标、13 个二级指标、20 个三级指标。采用熵值法对中国宏观经济高质量发展指数进行综合评价。

核心解释变量是数字经济发展水平（*DE*）。数字经济发展水平评价体系和测算方法详见本书第三章部分内容。

2. 控制变量

选取了四个控制变量。①经济发展水平（$\ln agdp$）：高经济发展水平能够为高质量发展提供优越的发展环境，包括基础设施和服务水平，有助于提高生产效率，以实际人均 GDP 来衡量，并加入其平方项以检验非线性影响。②经济增速（*gdp*）：较高的经济增速能够为居民就业和收入、消费提供保障，但也可能过度追求经济增速导致生态恶化而影响发展质量。③科技教育投入（*scedu*）：科技和教育投入能够为高质量发展提供技术和人力资本的支持，对经济高质量发展产生积极影响。④财政自主权（*fd*）：财政自主权是经济发展的重要制度因素，以一般预算内财政收入比上预算内财政支出来测度。宏观经济高质量发展计量模型变量描述性统计如表 6-2 所示。

表6-2　宏观经济高质量发展计量模型变量描述性统计

变量	样本量	平均值	标准差	最小值	最大值
qua	2703	0.005	0.014	0	0.139
DE	2703	0.249	0.080	0.068	0.631
Market	2703	0.242	0.035	0.072	0.433
$\ln agdp$	2703	10.715	0.573	8.773	13.056
$\ln agdp^2$	2703	115.136	12.335	76.964	170.451
gdp	2703	7.798	10.999	−20.630	23.960
scedu	2703	0.038	0.019	0.008	0.195
fd	2703	0.769	1.202	0.051	17.508

资料来源：笔者整理。

三、实证分析

（一）基准回归分析

为研究数字经济发展对宏观经济高质量发展的影响，利用模型（6-1）进行多元回归分析，回归分析结果如表6-3中列（1）、列（2）、列（3）所示。

表6-3　数字经济发展水平对宏观经济高质量发展影响的基准回归结果

变量	（1）	（2）	（3）
	qua	*qua*	*qua*
DE	0.052***	0.161***	0.088***
	（0.003）	（0.005）	（0.007）
ln *agdp*			−0.101***
			（0.013）
ln *agdp*²			0.005***
			（0.001）
gdp			−0.000
			（0.000）
scedu			0.137***
			（0.023）
fd			0.001***
			（0.000）
Constant	−0.008***	−0.035***	0.471***
	（0.001）	（0.001）	（0.072）
城市/年份固定效应	否	是	是
样本量	2703	2703	2703
R^2	0.090	0.285	0.364

资料来源：笔者整理。

模型（6-1）列（1）报告了未加入控制变量和无固定效应的回归结果，数字经济发展水平的系数为 0.052，且在 1% 的水平上正向显著；列（2）报告了加入固定效应的回归结果，数字经济发展水平的系数为 0.161，且在 1% 的水平上正向显著；列（3）表明在加入控制变量并设定年份和城市固定效应后数字经济发展水平的系数为 0.088，依然在 1% 的水平上正向显著，表明数字经济发展能够推动经济高质量发展。从回归结果来看，经济高质量发展与经济发展水平存在非线性关系，科技教育投入和财政自主权两个控制变量均呈显著的正相关关系，符合基本假设和预期。

（二）内生性分析

与本书第五章一样，仍采用上一年互联网户数占比与每百万人邮局数量的乘积作为工具变量，并进行两阶段最小二乘法估计，估计结果如表 6-4 所示。结果表明数字经济对宏观经济高质量发展的促进作用是稳健的。

表6-4　宏观经济高质量发展计量模型工具变量回归结果

变量	一阶段回归	二阶段回归
DE		0.178*** （0.087）
IV	0.006*** （0.000）	
控制变量	控制	控制
年份 / 城市 / 行业 / 企业固定效应	控制	控制
Kleibergen–Paap rk LM 统计量		315.904***
Kleibergen–Paap rk Wald F 统计量		321.743

资料来源：笔者整理。

（三）稳健性检验

1. 替换解释变量

采用主成分法测算得到新的数字经济发展水平（$DE3$），替换原数字经济发展水平（DE）进行回归，结果如表6-5列（1）所示。回归结果显示数字经济对经济高质量发展的作用依旧显著，可以认为数字经济对经济高质量发展的影响较为稳健。

表6-5 宏观经济高质量发展计量模型稳健性回归结果

变量	（1）	（2）
	qua	qua
$DE3$	0.0053***	
	（0.0004）	
DE		0.0754***
		（0.0072）
$\ln agdp$	−0.0936***	−0.1000***
	（0.0134）	（0.0133）
$\ln agdp^2$	0.0049***	0.0048***
	（0.0006）	（0.0006）
gdp	-7.14×10^{-5}	-8.07×10^{-5}
	（$5.94e \times 10^{-5}$）	（6.01×10^{-5}）
$scedu$	0.1430***	0.1510***
	（0.0229）	（0.0235）
fd	0.0009***	0.0226***
	（0.0003）	（0.0018）
$Constant$	0.4450***	0.4910***
	（0.0735）	（0.0736）
城市固定效应	是	是
年份固定效应	是	是
样本量	2703	2438
R^2	0.355	0.395

资料来源：笔者整理。

2. 剔除 2020 年数据

由于 2020 年《中国城市统计年鉴》统计指标较少，采取插值法处理，且在 2020 年企业受到新冠疫情的影响导致低估全要素生产率，这都可能影响结论的稳健性。为了尽可能多地保留样本，在基准回归中未予以剔除，而在稳健性检验中予以剔除，结果如表 6-5 列（2）所示，数字经济对经济高质量发展的作用依旧显著，可以认为数字经济对经济高质量发展的影响较为稳健。

（四）异质性分析

1. 市场化程度异质性分析

市场化程度与经济增长、政治制度、社会发展等诸多要素密切相关，对微观经济活力、社会资源配置、营造公平竞争环境等都具有重要影响，因此市场化程度的差异对数字经济发展促进宏观经济高质量发展的作用也应有所差异。基于此，笔者收集整理了中国市场化指数数据库发布的历年全社会市场化指数数据，并与地级市面板数据相匹配，根据全社会市场化程度大小将样本分为低市场化组（LM）、中市场化组（MM）和高市场化组（HM），并分别进行了回归分析。结果如表 6-6 所示。

在表 6-6 中，列（1）为低市场化组，数字经济发展水平系数为 0.006，且在 5% 的水平上显著；列（2）为中市场化组，数字经济发展水平系数为 0.017，且在 5% 的水平上显著；列（3）为高市场化组，数字经济发展水平系数为 0.062，且在 1% 的水平上显著。可见，数字经济发展促进经济高质量发展的效应对高市场化地区企业作用更强，市场化能促进数字经济对高质量发展的改善作用。这是因为，市场化水平高的地区要素发育程度和配置水平较高、制度健全，为数字技术应用和发挥作用提供了良好的外部环境基础。

表6-6 宏观经济高质量发展计量模型市场化程度异质性分析

变量	（1）	（2）	（3）
	qua	qua	qua
DE	0.006**	0.017**	0.062***
	（0.003）	（0.008）	（0.013）
ln agdp	−0.011***	−0.113***	−0.044
	（0.003）	（0.013）	（0.038）
ln agdp^2	0.001***	0.006***	0.003*
	（0.000）	（0.001）	（0.002）
gdp	0.000**	0.000	−0.000
	（0.000）	（0.000）	（0.000）
scedu	−0.016***	0.010	0.675***
	（0.004）	（0.023）	（0.082）
fd	−0.000***	0.000	0.004***
	（0.000）	（0.000）	（0.002）
Constant	0.056***	0.574***	0.085
	（0.018）	（0.073）	（0.211）
城市固定效应	否	是	是
年份固定效应	否	是	是
样本量	821	925	917
R^2	0.134	0.310	0.376

资料来源：笔者整理。

2. 经济发展水平异质性分析

不同城市的经济发展水平存在差异，致使数字经济对宏观经济高质量发展的作用程度也有所差异。如表6-7所示，根据人均GDP数量将地级市分为低经济发展水平、中经济发展水平和高经济发展水平三组。其中，列（1）为低经济发展水平组的回归结果，数字经济发展水平的系数为0.004且在5%的水平上显著；列（2）为中经济发展水平组的回归结果，数字经济发展水平的系数为0.017且在1%的水平上显著；列（3）为高经济发展水平组的回归结果，数字经济发展水平的系数为

0.089，且在 1% 的水平上显著。结果表明，经济发展水平越高，数字经济发展水平对宏观经济高质量发展的作用越大。

表6-7　宏观经济高质量发展计量模型经济发展水平异质性分析

变量	（1）	（2）	（3）
	qua	qua	qua
DE	0.004**	0.017***	0.089***
	（0.002）	（0.004）	（0.013）
ln agdp	−0.004	−0.010	0.255***
	（0.004）	（0.032）	（0.086）
ln agdp^2	0.000	0.001	−0.010***
	（0.000）	（0.002）	（0.004）
gdp	0.000***	0.000**	−0.000
	（0.000）	（0.000）	（0.000）
scedu	−0.005**	0.011	0.624***
	（0.002）	（0.011）	（0.094）
fd	−0.000	0.000	0.007***
	（0.000）	（0.000）	（0.002）
Constant	0.015	0.029	−1.630***
	（0.022）	（0.173）	（0.493）
城市固定效应	是	是	是
年份固定效应	是	是	是
样本量	848	939	916
R^2	0.091	0.103	0.333

资料来源：笔者整理。

四、机制分析

为验证数字经济对宏观经济高质量发展的作用机制，本章分别从创新发展、协调发展、绿色发展、开放发展、共享发展五个维度进行回归分析，结果如表6-8所示。其中，列（1）为数字经济发展水平对创新发展的回归结果，数字经济发展水平的系数为 0.037，且在 1% 的水平上显著；列（2）为数字经济发展水平对协调发展的回归结果，数字经济发展水平的系数为 0.000，且在 1% 的水平上显著；列（3）为数字经济发展水平对绿色发展的回归结果，数字经济的系数为 0.000，且在 1% 的水平上显著；列（4）为数字经济发展水平对开放发展的回归结果，数字经济发展水平的系数为 0.125，且在 1% 的水平上显著；列（5）为数字经济发展水平对共享发展的回归结果，数字经济的系数为 0.002，且在 1% 的水平上显著。表明数字经济发展能分别促进创新、协调、绿色、开放、共享，进而推动经济高质量发展。

表6-8　宏观经济高质量发展计量模型机制分析

变量	（1）创新发展	（2）协调发展	（3）绿色发展	（4）开放发展	（5）共享发展	（6）*market*
DE	0.037*** （0.001）	0.000*** （0.000）	0.000*** （0.000）	0.125*** （0.010）	0.002*** （0.000）	0.107*** （0.023）
ln agdp	−0.025*** （0.002）	−0.001*** （0.000）	−0.000 （0.000）	−0.152*** （0.020）	−0.000*** （0.000）	0.060* （0.033）
ln agdp^2	0.001*** （0.000）	0.000*** （0.000）	0.000 （0.000）	0.008*** （0.001）	0.000*** （0.000）	−0.002 （0.002）
gdp	0.000 （0.000）	−0.000*** （0.000）	0.000*** （0.000）	−0.000 （0.000）	−0.000*** （0.000）	0.000 （0.000）
scedu	0.022*** （0.004）	−0.000 （0.000）	−0.000** （0.000）	0.210*** （0.035）	0.001*** （0.000）	−0.593*** （0.070）
fd	−0.000 （0.000）	−0.000* （0.000）	0.000 （0.000）	0.002*** （0.000）	0.000 （0.000）	−0.001** （0.001）
Constant	0.123*** （0.014）	0.007*** （0.000）	0.000 （0.000）	0.704*** （0.112）	0.001* （0.001）	−0.154 （0.177）
城市固定效应	是	是	是	是	是	是
年份固定效应	是	是	是	是	是	是
样本量	2703	2703	2703	2703	2703	2703
R^2	0.543	0.971	0.039	0.347	0.744	0.757

资料来源：笔者整理。

根据表 6-8 列（6）报告的回归结果，数字经济能显著提升全社会的市场化水平，即数字经济的发展能通过影响全社会市场化水平促进经济高质量发展。

五、本章小结

本章选取 2011~2020 年 271 个城市为研究样本，研究数字经济对宏观经济高质量发展的影响，结果表明数字经济能够促进经济高质量发展。在替换解释变量和剔除 2020 年数据后，结论依旧成立。这表明，数字经济是高质量发展的重要动力。异质性分析表明，市场化程度越高，数字经济对高质量发展的作用越大；经济发展水平越高，数字经济促进高质量发展的效应越大。机制分析表明，数字经济能够分别促进城市的创新发展、协调发展、绿色发展、开放发展、共享发展，进而推进宏观经济高质量发展。数字经济还能显著提升全社会市场化水平，即数字经济的发展还可通过影响全社会市场化水平促进宏观经济高质量发展。

7

第七章

数字经济对高质量发展
重点领域影响的实证研究

　　高质量发展的内涵非常丰富，党的二十大报告提出，"高质量发展是全面建设社会主义现代化国家的首要任务"，必须"完整、准确、全面贯彻新发展理念"，"坚持社会主义市场经济改革方向"，"加快建设现代化经济体系"，"着力推进城乡融合和区域协调发展"，推动经济实现质的有效提升和量的合理增长。由此可见，市场化改革、产业结构优化升级和乡村振兴是经济高质量发展的重点领域和重大战略。从理论的角度来看，参考逄锦聚（2017）的观点，中国特色社会主义政治经济学系统化包括八个方面的基本理论：一是新发展理念，二是深化社会主义市场经济体制改革理论，三是新常态理论，四是供给侧结构性改革理论，五是新型工业化、信息化、农业现代化协调发展理论，六是金融制度和金融体制改革和创新理论，七是对外开放基本国策理论，八是坚持稳中求进的工作总基调的理论。可以认为，市场化改革、供给侧结构性改革、乡村振兴等方面是当前经济高质量发展面临的主要矛盾。本章对数字经济能否有效推动这些重点领域的改善和发展进行理论与实证分析，实证分析的目的是验证数字经济的发展对市场化水平、产业结构优化升级和乡村振兴是否有"预测能力"。

一、数字经济影响高质量发展重点领域的理论分析

（一）数字经济健全市场化机制的影响分析

1. 显著提升资源配置效率

　　数字经济能够借助数字技术加快生产要素突破区域限制而自由流动，可充分释放要素市场化价值，提升要素配置效率，缓解要素市场化资源错配程度，完善要素市场化配置。

2. 更好发挥政府作用

　　健全社会主义市场经济体制的一个重要方面就是更好发挥政府作

用，促进有为政府与有效市场相结合。数字政务的推广和应用规范了行政审批程序、强化了规则意识和服务意识、减少了人为干预，使行政审批更加便捷，有利于构建亲清政商关系。数字化治理为政府监管和决策提供了强大的数据支撑，科学合理地使用数据使经济政策更加精准。

3. 加快完善产权制度

产权制度建设是我国高水平社会主义市场经济体制的重点任务。数据是数字经济形态的一项重要生产要素，数据产权制度是数字经济发展的基础性保障。2022年，中共中央、国务院发布了《关于构建数据基础制度更好发挥数据要素作用的意见》，创造性地提出了资源持有权、加工使用权、产品经营权"三权"分置的数据产权制度，不仅创造了要素产权制度，还为完善其他要素产权提供了依据。

（二）数字经济驱动产业结构优化升级的影响分析

1. 需求驱动

数字经济以满足人们对信息和数字化产品的需求为目标，通过提供更加便捷、高效、个性化的服务，满足人们对信息和数字化产品的需求，从而推动产业结构的优化升级。数字经济促进产业结构优化升级的需求驱动主要表现在消费升级、产业竞争和政策导向等方面的需求转变。这些需求的转变推动了企业进行技术创新和管理创新，促进产业向智能化、数字化方向转型，实现产业结构的优化升级。

第一，消费升级带来的需求转变。随着社会主要矛盾的转变，消费者对产品和服务的需求也在不断升级，产生了对"美好生活"的需求。数字经济为消费者提供了更多的选择和便利，满足了个性化、定制化的需求，从而推动产业结构的优化升级。

第二，产业竞争带来的需求转变。数字经济的发展加剧了产业竞争的激烈程度，企业为在竞争中赢得优势，需不断提高产品和服务的质量和效率。这促使企业进行产品创新和管理创新，从而推动产业结构的优化升级。

第三，政策导向带来的需求转变。政府在数字经济发展中起到重要的引导和推动作用，通过出台相关政策和措施，鼓励企业进行数字化转型，提高产业的竞争力和创新能力。政策导向的变化会引导企业调整产业结构，从而推动产业优化升级。

2. 技术驱动

数字经济的发展离不开信息技术的支持。信息技术的不断发展，为数字经济的发展提供了技术基础。

（1）数字技术的广泛应用。数字技术包括人工智能、大数据、云计算、物联网等，这些技术的应用可提升生产效率、降低成本、优化资源配置，从而推动传统产业向数字化、智能化方向发展。例如，通过人工智能技术，可以实现智能制造，提高生产效率和产品质量；通过大数据分析，可以深入了解消费者需求，优化产品设计和市场营销策略；通过物联网技术，可以实现设备间的互联互通，提高生产过程的自动化水平。

（2）新兴产业的兴起和传统产业的转型。数字经济催生出一批新兴产业，如电子商务、在线教育、共享经济等，这些新兴产业以数字技术为基础，具有较高的增长潜力和创新能力。同时，数字经济也推动了传统产业的转型升级。传统产业通过引入数字技术，可提高生产效率、降低成本、增加附加值，实现产业升级。例如，传统制造业可通过引入工业互联网技术，实现智能制造；传统零售业可通过电子商务平台，拓宽线上销售渠道。

（3）产业链的重构和产业协同创新。数字经济的发展使产业链上的各个环节更加紧密联系在一起，形成了数字化的产业生态系统。数字经济推动了产业链上的各个环节的协同创新，促进了产业链的重构。数字经济的发展也推动了不同产业间的融合，构成了新的产业链。

3. 数据驱动

数字经济的核心是数据，通过大数据分析和人工智能等技术，可深入挖掘数据的价值，为企业提供更精准的市场洞察和决策支持。基于数据的个性化推荐和定制化服务等模式的出现，使消费者可更好地满足个性化需求，从而推动产业结构的优化。

（三）数字经济推动乡村振兴的影响分析

1. 促进产业兴旺

一方面需求驱动了乡村产业的兴旺。数字经济的发展使消费需求发生了变化，更多的城市居民通过数字营销、自媒体传播了解了乡村产品和服务，对绿色产品、美丽乡村、生态资源等的需求与日俱增。另一方面技术促进了乡村产业的兴旺。数字技术的应用和数字经济的发展改变了农村生产方式和组织方式，数字技术与农业生产融合发展推动了农业的规模化管理，大幅降低了农业生产和农产品经营成本，提高了农业生产效率。

2. 推进有效治理

通过数字技术和数字平台，乡村居民能获得更多的外部信息，信息的公开透明更能消除信息不对称，区块链技术使对农产品的产地溯源成为现实，能够满足社会对农产品安全质量的监管。数字技术能够实现创新和治理的协同发展，在乡村建设过程中深度运用数字技术，能够打破传统乡村建设的空间要素限制，实现新型农业农村治理结构的优化。

3. 提高居民收入

数字技术的应用催生了"互联网＋农业"的发展模式。借助互联网技术，农村居民可以将农产品更快地销售给消费者，缩短销售时间，达成农村电商与农村经济的融合，促进农民收入的增长。依托国内大循环，运用数字技术推动农村经济与城市经济大循环，推动农村经济融入国内国际双循环，打造新型经济发展格局，实现农村消费的提质增效，不断释放农村市场潜力，为增加居民收入探寻路径。

二、数字经济影响高质量发展重点领域的实证分析

（一）实证分析思路

本书第二章分析了经济高质量发展的五条路径，其中第一条路径——企业经济高质量发展和第二条路径——宏观经济高质量发展在本书第五章和第六章展开了颇为缜密的经济计量实证分析。第三条路径至第五条路径是我国经济高质量发展的重要领域或战略，本章实证分析的目的是验证数字经济的发展能否引起市场化、产业结构和乡村振兴水平的变化，故本章不再和前两章一样进行严格的计量分析，而是对数字经济发展水平与三者间进行格兰杰因果检验，验证数字经济发展水平的变化能引起三者的变化。

格兰杰因果检验由格兰杰于 1969 年提出，其思想是如果 x 是 y 的因，则 x 的历史值可以帮助预测 y 的未来值。

（二）实证分析模型

构建的面板数据模型如下：

$$y_{kt} = \alpha'' + \sum_{m=1}^{p} \gamma_{1m} y_{k,t-m} + \sum_{m=1}^{p} \gamma_{2m} DE_{k,t-m} + u_k + \varepsilon''_{kt} \qquad （7-1）$$

式中：k 为省份；t 为年份；m 为滞后阶数；y 可分别为市场化水平、产业结构高级化指数、产业结构合理化指数和乡村振兴指数。

（三）数据说明

本章基于省级层面的数据进行分析。

本书第四章和第五章分别在地级市层面测算了城市的数字经济发展水平和市场化指数，对同属一个省份的城市的数字经济发展水平和市场化指数取平均值得出各省份的数字经济发展水平和市场化指数。

产业结构高级化为三次产业结构的加权平均，三次产业的权重分别为 1、2、3。产业结构高级化的计算式如下：

$$AIS = \frac{GDP_1 + 2 \times GDP_2 + 3 \times GDP_3}{GDP} \tag{7-2}$$

式中：AIS 为产业结构高级化指数；GDP_1、GDP_2 和 GDP_3 分别为第一产业增加值、第二产业增加值和第三产业增加值；GDP 为国内生产总值。

产业结构合理化用产业结构泰尔指数来衡量，计算式如下：

$$RIS = \frac{1}{\sum_{i=1}^{3} \frac{GDP_i}{GDP} \times \ln \frac{GDP_i}{GDP} \Big/ \frac{L_i}{L}} \tag{7-3}$$

式中：i 为三次产业序号；RIS 为产业结构合理化指数；L_i 为第 i 次产业从业人员数；L 为从业人员总量。

乡村振兴指数从产业兴旺、生态宜居、乡风文明、治理有效、生活富裕五个维度进行评价，借鉴徐雪和王永瑜（2022）的研究成果，构建 5 个一级指标、30 个二级指标的综合评价体系，采用熵值法赋权，最后采用加权平均法测算各省份的乡村振兴指数。

（四）实证结果

1. 脉冲响应分析

市场化水平对数字经济发展的脉冲响应如图 7-1 所示。从变化方向上看，当期给数字经济发展水平一个正向的冲击后，市场化水平的变动总体表现呈先升后降趋势，但都是正向的响应；从响应的强度来看，最高值达到为滞后 1 期的 1%；从响应的时间来看，基本上到第五期。综上所述，数字经济发展水平对市场化水平的影响是正向的，其影响时效可长达 5 年。

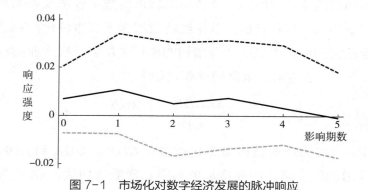

图 7-1　市场化对数字经济发展的脉冲响应

资料来源：笔者整理。

　　产业结构高级化对数字经济发展的脉冲响应如图 7-2 所示。从变化方向来看，当期给数字经济发展水平一个正向的冲击后，产业结构高级化的变动总体表现一直下降，但基本都是正向的响应；从响应的强度来看，最高值为当期 5%；从响应的时间来看，影响基本能到第五期。综上所述，数字经济发展水平对产业结构高级化的影响虽然一直在减弱，但却是正向的，并且可以长达 5 年。

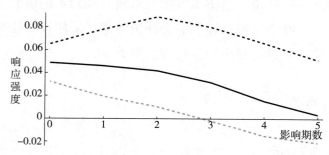

图 7-2　产业结构高级化对数字经济发展的脉冲响应

资料来源：笔者整理。

产业结构合理化对数字经济发展的脉冲响应如图 7-3 所示。从变化方向来看，当期给数字经济发展水平一个正向的冲击后，产业结构合理化的变动总体表现一直下降，但基本都是正向的响应；从响应的强度来看，最高值为当期 4.1%，最低值 0.8% 在第二期；从响应的时间来看，影响不仅能到第五期，还可能更长。综上所述，数字经济发展水平对产业结构合理化的影响虽然呈先升后降趋势，但为正向的，并且可以超过5 年。

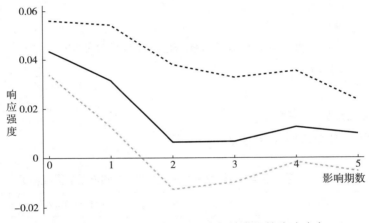

图 7-3　产业结构合理化对数字经济发展的脉冲响应

资料来源：笔者整理。

乡村振兴对数字经济发展的脉冲响应如图 7-4 所示。从变化方向来看，当期给数字经济发展水平一个正向的冲击后，乡村振兴指数的变动总体表现呈先升后降趋势，但基本都是正向的响应；从响应的强度来看，最高值为当期的 6%，第三期为最低的 -1%；从响应的时间来看，影响不仅能到第五期，还可能更长。综上所述，数字经济发展水平对乡村振兴指数的影响虽然呈先升后降趋势，但为正向的，并且可以超过5 年。

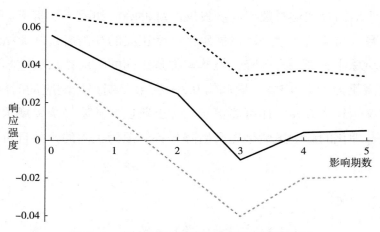

图 7-4　乡村振兴对数字经济发展的脉冲响应

资料来源：笔者整理。

2. 格兰杰因果检验

格兰杰因果检验结果如表 7-1 所示。

表 7-1　数字经济与经济高质量发展重点领域的格兰杰因果检验

原假设	卡方统计量	最优滞后阶数	P 值
数字经济不是市场化的格兰杰因	15.369	4	0.012
数字经济不是产业结构高级化的格兰杰因	13.967	4	0.013
数字经济不是产业结构合理化的格兰杰因	12.911	4	0.014
数字经济不是乡村振兴的格兰杰因	18.079	4	0.011

资料来源：笔者整理。

从表 7-1 所示的格兰杰因果检验结果来看，都在 5% 置信水平上显著，表明数字经济发展水平是市场化、产业结构高级化、产业结构合理化和乡村振兴的格兰杰因，即数字经济的发展有可能导致市场化程度、产业结构优化升级和乡村振兴水平的变化。

三、本章小结

　　数字经济的发展可显著提升资源配置效率、更好发挥政府作用和加快完善产权制度，进而完善社会主义市场经济体制。通过需求、技术、数据三个渠道合力驱动产业结构的优化升级，在乡村振兴方面能有效地促进产业兴旺、推进有效治理、提高居民收入。在理论上论证了数字经济对经济高质量发展三个重点领域（市场化改革、产业结构优化升级、乡村振兴战略）有显著的赋能作用。通过面板数据向量自回归模型和格兰杰因果检验验证了数字经济是经济高质量发展三个重点领域的格兰杰因。

8

第八章

研究结论、政策建议和
研究展望

一、研究结论

（一）发展数字经济是必然选择

根据马克思主义政治经济学基本原理，生产力和生产关系间存在辩证统一的关系，一方面生产力决定了生产关系，另一方面生产关系又作用于生产力，正是生产力和生产关系的矛盾运动规律推动了经济社会的变革。从生产方式演进的一般逻辑角度来看，是生产力的不断进步推动着生产关系的变化，推动着经济社会变革。随着数字技术的不断发展和应用，其正在深刻推动生产力的进步和生产方式的变革。数字技术正在深刻推动生产方式的变革，数字技术提高了生产效率、改善了产品质量、促进了个性化定制的发展、推动了供应链管理的优化、催生了新的商业模式和服务方式等，数字化生产方式正在快速形成，发展数字经济是当前经济社会发展的必然选择，也是经济高质量发展的必然选择。

（二）经济高质量发展是鲜明主题

随着生产力和社会的进步，传统的粗放型增长方式已难以为继。农业文明时期经济增长的动力主要是劳动和土地，工业文明时期的动力则主要是资本和技术，而数字经济时代经济发展的动力主要是数据和内生的技术进步。结合我国经济发展实际，我国经济发展阶段发生了转变，社会主要矛盾也发生了转变，供给侧结构性改革、环境保护、可持续发展、中国式现代化建设等内部因素及全球经济格局发生的深刻变化都要求我们选择高质量发展的道路，高质量发展已经成为我国经济社会发展的鲜明主题，高质量的要求将贯彻经济社会发展的各个领域、各个环节。实现经济高质量发展有五条路径：一是通过数实融合推进企业经济高质量发展，二是构建现代经济体系促进宏观经济高质量发展，三是完善社会主义市场经济体制强化制度保障，四是推进供给侧结构性改革实现质量变革、效率变革、动力变革，五是实施乡村振兴战略推动共同富裕。

（三）发展数字经济能显著促进企业经济高质量发展

从理论分析来看，数字经济具有溢出效应、协同效应、长尾效应。数字经济发展促进企业经济高质量发展主要表现在五个方面：促进创新；实现规模经济和范围经济；降低交易费用；提升企业生产效率和质量，提升竞争力；提升员工的工作满意度和幸福感。从实证结果来看，数字经济对企业全要素生产率提升的作用因企业性质的不同而不同，发展数字经济更有利于国有企业、高技术产业、地处普通城市的企业的全要素生产率的提升；市场化是数字经济影响企业全要素生产率的重要机制之一，发展数字经济可在营造公平的法治环境、激发技术创新动力与增强技术扩散效应、提高企业资源配置的效率三个层面显著提高市场化水平，完善的社会主义市场经济体制又能促进企业全要素生产率的提升。

（四）发展数字经济能显著促进宏观经济高质量发展

从理论分析来看，数字经济能助推创新发展、协调发展、绿色发展、开放发展和共享发展，发展数字经济是贯彻新发展理念的充分体现。从实证结果来看，发展数字经济能显著促进宏观经济高质量发展，市场化程度越高、经济发展水平越高，数字经济对宏观经济高质量发展的作用越大。机制分析表明，数字经济可分别促进宏观经济的创新发展、协调发展、绿色发展、开放发展、共享发展，进而推动宏观经济高质量发展。数字经济还可显著提升全社会市场化水平，即数字经济的发展能通过影响全社会市场化水平促进宏观经济高质量发展。

（五）发展数字经济能通过影响高质量发展的重点领域间接推进经济高质量发展

数字经济的发展能显著提高资源配置效率、更好发挥政府作用和加快完善产权制度进而完善社会主义市场经济体制，通过需求、技术、数据三个渠道合力驱动产业结构的优化升级，在乡村振兴方面可有效促进产业兴旺、推进有效治理、提高居民收入。数字经济对经济高质量发展三个重点领域（市场化改革、产业结构优化升级、乡村振兴战略）有显著赋能作用。数字经济是经济高质量发展三个重点领域的格兰杰因，即数字经济的发展有可能导致市场化程度、产业结构优化升级和乡村振兴水平的变化。

二、政策建议

（一）依靠数字经济提升企业全要素生产率

基于前文研究，本书提出以下政策建议：

1. 以国有企业为示范，引领企业数字化转型

数字经济发挥作用的关键在于其向各个行业和领域渗透并与实体经济融合发展，而融合发展的关键在企业，短板在非公经济的中小企业数字化转型。2020年8月，国务院国资委印发了《关于加快推进国有企业数字化转型工作的通知》，明确要打造制造类企业、能源类企业、建筑类企业、服务类企业四类企业标杆，推动集中攻关，打通关键性业务场景，加强标杆示范推广，提升数字化转型内生动力。鼓励有条件的大型企业打造一体化数字平台，全面整合企业内部信息系统，强化全流程数据贯通，加快全价值链业务协同，形成数据驱动的智能决策能力，提升企业整体运行效率和产业链上下游协同效率。建设一批数字化转型促

进中心指导中小企业数字化转型，由点及面向全业务、全流程数字化转型延伸拓展。

2. 以高技术产业为龙头，带动企业数字化转型

着力实施创新驱动发展战略，建立健全新型举国体制，坚持全面系统的观点，紧紧围绕经济竞争力的核心关键、社会发展的瓶颈制约、国家安全的重大挑战，集聚力量进行原创性、引领性科技攻关，强化事关发展全局的基础研究和共性关键技术研究，以重要领域和关键环节的突破带动全局。推进前沿学科和交叉研究平台建设，重点布局下一代移动通信技术、量子信息、第三代半导体等新兴技术，推动信息、生物、材料、能源等领域技术融合和群体性突破。深化新一代信息技术集成创新和融合应用，加快平台化、定制化、轻量化服务模式创新，打造新兴数字产业新优势。

3. 以智慧城市建设为基础，提升数字化普惠水平

加快信息网络基础设施建设，提升基础设施网络化、智能化、服务化、协同化水平，推动新型城市基础设施建设，有序推进基础设施智能升级。加强新型智慧城市总体规划与顶层设计，提高"互联网＋政务服务"效能，提升社会服务数字化普惠水平，利用大数据、云平台、区块链等数字技术识别企业发展过程中碰到的问题，为推动数字化转型提升全要素生产率提供基础技术保障。

4. 以发展数字经济为契机，健全高水平社会主义市场经济体制

社会主义市场经济体制的建立，对社会经济的发展起了巨大作用，激发了广大经济主体的积极性和创造性。但仍然存在体系不健全、发育不充分、微观经济活力不强等突出问题。发展数字经济为深化社会主义市场经济体制改革带来了机遇和便利。

（1）要不断夯实市场体系基础制度，全面完善产权保护制度，建立

负面清单并数字化，严格落实"全国一张清单"管理模式，增强公平竞争的刚性约束。

（2）要深入推进要素资源高效配置，推进各领域数字平台建设，通过数字金融、城乡统一建设用地市场、数据市场、技术市场等各要素市场的健全推进要素流动，完善数据安全保护等基础制度和标准规范。

（3）要加快改善市场环境和质量，制定不当干预全国统一大市场建设问题清单，清除不利于公平竞争的政策文件，对新增的政策文件进行公平竞争审查，废除含有地方保护、市场分割、指定交易等的规定和做法。

（4）要全面提升监管数字化、现代化水平，推进综合协同监管，完善"双随机、一公开"监管、信用监管、"互联网＋监管"、跨部门协同监管等方式，充分利用大数据技术手段加快推进智慧监管。

（二）依靠数字经济促进宏观经济高质量发展

数字经济的快速发展，对宏观经济高质量发展提出了新要求和新挑战。数字经济的发展不仅可以促进宏观经济的增长和创新，还能改善城市居民的生活质量和城市环境的可持续发展。

1. 加强数字信息基础设施建设

数字信息基础设施是数字经济的新基建，没有基础设施建设作为保障，数据的开放和共享就会受到限制，时效性将大打折扣。把数字基础设施建设作为数字经济发展水平评价指标体系的一个维度，实证分析表明数字基础设施较完善的城市，企业的全要素生产率也较高，宏观经济高质量发展指数也较高。因此，为推动宏观经济高质量发展，必须加强数字信息基础设施建设。首先，各城市要加大数字信息基建投资力度，提高建设标准，加强硬件建设。其次，加强数字技术研发，如工业互联网、5G技术等，加快推进提速降费。最后，利用优惠贷款等政策激励扶持企业、事业单位等机构进行网络基础设施升级改造。

2. 加强数字经济人才培养和引进

数字技术人才是我国未来参与全球数字经济竞争的核心驱动力。政府应加强数字经济人才培养和引进。数字经济的发展需要大量高素质人才，包括技术人才、管理人才和创新人才等。推动高等学校学科专业优化调整，大力培养大数据、人工智能等数字技术与经济学领域的交叉专业人才，培养适应数字经济发展需求的人才。同时，政府还可通过引进人才政策，吸引国内外优秀的数字经济人才来到城市工作和创业。

3. 建立健全数据要素市场规则，为数字经济发展提供要素保障

数据要素市场的高效运行是数字化转型的重要保障，要通过规范数据要素市场，进一步加快数字化转型进程。当前，我国地区之间的数据壁垒仍然存在，数字经济对经济高质量发展的功效仍未能充分体现。一方面，要统筹数据开发和利用的行为规范，建立健全数据产业交易机制，积极培育进行数据交易的平台和市场主体，切实提高数据流通的安全性和高效性。另一方面，要加快推进信息数据的保护和立法工作，完善信息数据分类保护制度。首先，对信息数据的私密性进行评级确定，然后按照不同的等级进行流通和保护。对涉及我国核心机密的数据要实施最高等级的保护，以防国外分裂势力的窃取。与此同时，要构建国家网络安全保障平台，推动跨区域、跨部门、跨行业的协同联动，完善网络安全事件的快速响应机制。

4. 着力营造良性健康的数字化生态，为产业数字化转型打造健康高效的外部环境

政府应加强数字经济的监管和安全保障。在数字经济时代，数字化生态环境的构建能够为产业的数字化转型提供重要保障。在依法支持工业互联网平台和消费互联网平台进行技术创新，增强平台企业国际竞争

力的同时，要依法对平台企业，尤其是对消费互联网平台进行严格规范的监管，防止平台垄断对消费者权益造成的伤害。此外，应当进一步完善平台企业运行和监管规则，对《中华人民共和国反垄断法》进行不断的修订和补充，持续完善相关法律法规和伦理审查制度，依法依规保护消费者的合法权益。

总之，数字经济的发展对城市高质量发展提出了新的要求和挑战。政府应加大对数字经济的支持力度，加强数字经济基础设施建设，加强数字经济人才培养和引进，加强数字经济与传统产业的融合发展，加强数字经济的监管和安全保障，加强数字经济的国际合作和交流。通过这些政策措施的实施，可以促进数字经济的健康发展，推动城市高质量发展。

（三）依靠数字经济推动供给侧结构性改革、乡村振兴和实现共同富裕

1. 大力发展数字经济，推动供给侧结构性改革

当前和今后一个时期，我国经济发展虽然有周期性、总量性问题，但结构性问题最为突出，矛盾的主要方面在供给侧。习近平总书记指出："供给侧结构性改革，说到底最终目的是满足需求，主攻方向是提高供给质量，根本途径是深化改革。"满足需求，就是深入研究市场变化，理解现实需求和潜在需求，在解放和发展社会生产力中更好满足人民日益增长的美好生活需要。提高供给质量，就是减少无效供给、扩大有效供给、优化现有产品和服务功能，着力提升整个供给体系质量，以创新驱动、高质量供给引领和创造新需求。深化改革，就是要完善市场在资源配置中起决定性作用的体制机制，深化行政管理体制改革，打破垄断，健全全要素市场，使价格机制真正引领资源配置。

数字经济在培育新动能、探索供需对接新路径、助力产业链升级等方面，为供给侧结构性改革提供内在驱动力和关键支撑。

（1）促进数字基础设施建设。加大对数字基础设施建设的投入力度，推进新一代信息基础设施建设，以移动互联网、物联网、云计算、大数据、人工智能等为切入点，加快网络基础设施改造升级和普及应用，提高网络覆盖率和传输速度，使数字经济能够更好支撑实体经济发展。同时，鼓励和支持企业加大对数字化技术的应用和创新力度，提升生产效率和质量。

（2）推动企业数字化转型。鼓励企业加快数字化转型步伐，提升企业的数字化水平和管理能力。政府可以出台相关政策，鼓励企业加大对数字化技术的投入和应用力度，并提供相关的培训和支持。企业应该加大对数字化技术的应用和研发投入力度，提高企业的数字化运营能力。通过数字化技术的应用，提升生产效率和质量，降低成本，提升竞争力。企业可以通过建设电子商务平台，拓展线上销售渠道，提高产品和服务的覆盖范围。同时，加强对消费者数据的分析和挖掘，提供个性化的产品和服务，满足消费者需求。

（3）加强数据安全保护。加强对数据安全的保护和管理，健全数据安全制度顶层设计，重点围绕公共数据采集、共享、开发应用等依法出台数据安全方面的地方性法规和地方政府规章，鼓励有条件的行业先行先试，在能源、交通、金融、电信等重要行业出台行业性数据安全自律规范，加大数据安全监管和执法力度，保障数字经济的健康发展。

2. 以数字化带动乡村振兴

数字乡村是乡村振兴的战略方向，也是建设数字中国的重要内容。建设数字乡村，坚持和加强党对"三农"工作的全面领导，牢牢守住保障国家粮食安全和不发生规模性返贫两条底线，以解放和发展数字生产力、激发乡村振兴内生动力为主攻方向，着力发展乡村数字经济，着力提升农民数字素养与技能，着力繁荣乡村网络文化，着力提高乡村数字化治理效能，为推动乡村振兴取得新进展、农业农村现代化迈出新步伐、数字中国建设取得新成效提供有力支撑。

建设数字乡村需遵循四条基本原则：①坚持深化改革、创新驱动。围绕农业农村现代化目标，进一步深化农业农村改革，发挥新一代信息技术创新引领作用，推动制度、机制、模式和技术创新，培育发展数字乡村新产业、新业态、新模式。②坚持以人为本、内生驱动。始终把维护好农民根本利益、促进农民农村共同富裕作为数字乡村建设的出发点和落脚点，充分发挥农民主体作用，激发农民积极性、主动性、创造性，让广大农民成为数字乡村建设的参与者、受益者。坚持统筹协调、城乡融合。③强化资源整合、部门协同和上下联动，坚持数字乡村与新型智慧城市一体化设计、协同实施，推动城乡信息基础设施互联互通、产业生态相互促进、公共服务共建共用。④坚持规划引领、分类推进。科学规划、合理安排数字乡村建设重点任务和工程，结合各地发展基础、区位条件、资源禀赋，按照不同类型乡村发展规律，分类有序推进数字乡村发展，按需建设信息化设施，防止形象工程、铺张浪费。

（1）推进乡村信息基础设施优化升级。持续实施电信普遍服务，加大对农村地区数字基础设施建设的投入力度，开展农村地区 4G 基站补盲建设，逐步推进 5G 和千兆光纤网络向有条件、有需求的乡村延伸，提高农村地区的网络覆盖率和传输速度，深入实施智慧广电建设工程，优化广播电视业务网络，鼓励开发适应"三农"特点的信息终端、技术产品、手机应用软件（App），促进数字技术在农村地区的应用和发展。

（2）鼓励农业生产数字化改造。加快智慧农业技术创新。编制智慧农业技术发展路线图，重点突破智慧农业领域基础技术、通用技术和关键技术，超前布局前沿技术。加强专用传感器、动植物生长信息获取及生产调控机理模型等关键共性技术攻关，重点推进适用各种作业环境的智能农机装备研发，推动农机农艺和信息技术集成研究与系统示范。建设一批智慧农场、智慧牧场、智慧渔场，推动智能感知、智能分析、智能控制技术与装备在农业生产中的集成应用。推进无人农场试点，通过远程控制、半自动控制或自主控制，实现农场作业全过程的智能化、无人化。大力推进数字育种技术应用，建设数字育种服务平台，加快

"经验育种"向"精确育种"转变，逐步推进设计育种。完善国家农产品质量安全追溯管理信息平台，推进农产品质量安全信息化监管，探索建立追溯管理与风险预警、应急召回联动机制。

（3）鼓励新业态新模式。深入实施"互联网＋"农产品出村进城工程，支持农业龙头企业、农民专业合作社及种养殖大户、家庭农场等新型农业经营主体通过网络销售区域特色农产品。持续实施"数商兴农"，积极打造农产品网络品牌，支持地方开展特色农产品认证和市场推广，以品牌化带动特色产业发展。加快农村寄递物流体系建设，分类推进"快递进村"工程。建立完善农村物流共同配送服务规范和运营机制，发展县乡村物流共同配送，实现统一仓储、分拣、运输、揽件。引导电商平台规范有序开拓电商分销渠道，用好社交电商、直播电商等新模式。推进乡村旅游智慧化发展，打造一批设施完备、功能多样、智慧便捷的休闲观光园区、乡村民宿、森林人家和康养基地，推荐一批乡村旅游精品景点路线。推进创意农业、认养农业、健康养生等基于互联网的新业态发展，探索共享农场、云农场等网络经营新模式。通过网络宣传农村各类非物质文化遗产资源，促进乡村特色文化产业发展。引导在线旅游、电子商务、位置信息服务、社交媒体、智慧金融等平台企业将产品和服务下沉到乡村，健康有序发展农村平台经济。

（4）深化农村普惠金融服务。深入开展农村支付服务环境建设，推进移动支付便民工程在农村特色产业、农产品收购等领域的应用，创新助农服务模式。在有条件的地区逐步建立涉农信用信息平台，推动涉农信用信息集中整合，支持市县构建域内共享的涉农信用信息数据库。引导当地涉农金融机构提升农户建档评级和授信覆盖面。引导银行业金融机构在依法合规、风险可控的前提下，基于大数据和特定场景进行自动化审批，提高信贷服务效率。鼓励保险机构探索利用互联网、卫星遥感、远程视频等技术，开展农业保险的线上承保理赔。

（5）促进农村消费升级。畅通"工业品下乡"通道，促进农村居民生活用品、农资农具、生产经营服务的线上购买。丰富农村信息消费内容，发展乡村数字文化消费新场景。合理引导农村居民在网络娱乐、网络视听内容等领域的消费。加强农村信息消费市场监管，严肃查处制假售假、违法生产经营等行为，切实保护农村居民的消费权益。瞄准农村信息消费重点领域和产品，开展消费品质量安全"进社区、进校园、进乡镇"消费者教育活动，提高农村居民消费品质量安全意识。

（6）加强农村人居环境数字化监管。建立农村人居环境问题在线受理机制，引导农村居民通过手机应用、小程序等方式参与人居环境网络监督。完善农村环境监测体系，选择重点和一般类监控村庄开展环境监测。综合应用无人机、高清视频、物联网等技术手段，对农村房屋、道路、河道、特色景观等公共生活空间进行监测，为维护村容村貌提供管理依据。建立农村供水工程数字管理平台，打造全国农村集中供水信息化管理"一张图"，提升千吨万人工程自动化监测覆盖率。

3. 缩小数字鸿沟，实现共同富裕

习近平总书记指出："我们说的共同富裕是全体人民共同富裕，是人民群众物质生活和精神生活都富裕，不是少数人的富裕，也不是整齐划一的平均主义。"共同富裕是中国特色社会主义的本质要求，集中体现了我们党全心全意为人民服务的根本宗旨。促进共同富裕的总体思路是坚持以人民为中心的发展思想，在高质量发展中促进共同富裕，正确处理效率和公平的关系，构建初次分配、再分配、三次分配协同配套的基础性制度安排，加大税收、社保、转移支付等调节力度并提高精准性，提高中等收入群体占比，增加低收入群体收入，合理调节高收入，取缔非法收入，形成中间大、两头小的"橄榄"形分配结构，促进社会公平正义，促进人的全面发展，使全体人民朝着共同富裕目标扎实迈进。

数字经济有利于加快生产要素高效流动、推动优质资源共享、推进基本公共服务均等化，是推动实现共同富裕的重要力量。为全面贯彻党的二十大精神，深入落实党中央、国务院决策部署，推动数字技术和

实体经济深度融合，不断做强做优做大我国数字经济，通过数字化手段促进解决发展不平衡不充分问题，推进全体人民共享数字时代发展红利，助力在高质量发展中实现共同富裕。国家发展改革委、国家数据局于2023年12月印发了《数字经济促进共同富裕实施方案》，该方案指出，要以习近平新时代中国特色社会主义思想为指导，全面贯彻党的二十大精神，坚持把实现人民对美好生活的向往作为现代化建设的出发点和落脚点，发挥数字经济在助力实现共同富裕中的重要作用，推动数字技术赋能实体经济发展、优化社会分配机制、完善数字治理方式，不断缩小区域间、城乡间、群体间基本公共服务等方面的差距，持续弥合"数字鸿沟"，创造普惠公平发展和竞争条件，促进公平与效率更加统一，推动数字红利惠及全民，着力促进全体人民共同富裕，推动高质量发展。

（1）推动区域数字协同发展。推进数字基础设施建设，深入实施"东数西算"工程，加快推动全国一体化算力网建设，深化算网融合，强化网络支撑，推进算力互联互通，引导数据要素跨区域流通融合。组织实施云网强基行动，提升中小城市网络基础设施承载和服务能力，推进应用基础设施优化布局，提升中小城市信息基础设施水平，弥合区域"数字鸿沟"。推进产业链数字化发展，制定制造业数字化转型行动方案，分行业编制数字化转型发展路线图，深入实施智能制造工程和工业互联网创新发展工程；健全转型服务体系，推动形成以平台为支撑的大中小企业融通生态；推动一二三产业融合发展，大力发展数字文化产业，拓宽智慧旅游应用，为中西部地区和东北地区发挥自然禀赋优势带动就业创业、促进增收创造条件；支持中小微企业数字化转型，推动区域型、行业型数字化转型促进中心建设，面向中小微企业提供转型咨询、测试实验、人才培训等服务。加强数字经济东西部协作，推进产业互补，支持协作双方共建数字经济产业园区，推动产业向中西部、东北地区合理有序转移；促进技术协作，支持协作双方发挥东部地区数字技术和人才优势，中西部、东北地区资源环境和试验场地优势，聚焦中西部、东北地区数字经济发展卡点难点，共同开展攻关协作；支持人员互动，健全数字经济领域劳务协作对接机制，支持协作双方搭建数字经济领域用工招聘、就业用工平台，畅通异地就业渠道。

（2）大力推进数字乡村建设。加快乡村产业数字化转型步伐，深入实施数字乡村发展行动；加大农村数字人才培养力度，提升农民数字素养与技能，持续推进农民手机应用技能培训，组织智慧农业应用、直播电商等课程培训，让手机成为"新农具"，数据成为"新农资"，直播带货成为"新农活"。创新联农带农机制，完善各类经营主体与农民农村的利益联结机制，鼓励大型农业企业加大对公益性技术和服务的支持力度，保障广大农民共享数字红利，吸引更多人才返乡创业。强化数字化应用技能培训，打造一支"有文化、懂技术、善经营、会管理"的高素质农民队伍；提升乡村数字治理水平，运用互联网手段，不断提升乡村治理效能和服务管理水平，促进多元联动治理。健全完善农村信息服务体系，拓宽服务应用场景、丰富服务方式和服务内容。深化乡村数字普惠服务，大力发展农村数字普惠金融，因地制宜打造惠农金融产品与服务，促进宜居宜业。

（3）强化数字素养提升和就业保障。加强数字素养与技能教育培训，持续丰富优质数字资源供给，推动各类教育、科技、文化机构积极开放教育培训资源，共享优质数字技能培训课程；不断完善数字教育体系，将数字素养培训相关内容纳入中小学、社区和老年教育教学活动，加强普通高校和职业院校数字技术相关学科专业建设；构建数字素养与技能培训体系，搭建开放化、长效化社会培训平台，加大重点群体培训力度。实施"信息无障碍"推广工程，持续推进各类应用开展适应性改造，聚焦老年人、残障人士等群体的特定需求，重点推动与其生产生活密切相关的网站、手机应用的适应性改造；探索建立数字技术无障碍的标准和规范，明确数字产品的可访问标准，制定文字、图像、语音等多种交互手段标准。加强新就业形态劳动者权益保障，持续落实新就业形态劳动者权益保障相关政策措施，加快探索适合新就业形态劳动者特点的社会保障参保办法；指导平台企业充分听取依托平台就业的新就业形态劳动者意见，依法合规制定和调整劳动规则，并在实施前及时、有效公开；对新就业形态劳动者及吸纳重点群体就业的相关企业，按规定落实就业创业相关扶持政策。

（4）促进社会服务普惠供给。促进优质数字教育资源共享，支持面向欠发达地区开发内容丰富的数字教育资源，改善学校网络教学环境，实现所有学校数字校园全覆盖，促进优质教育资源跨区域、跨城乡共享；加强教育服务精准化供给，依托政务数据共享交换平台，加强部门间数据共享交换，提高家庭经济困难学生认定精准度和异地申请便利性；组建专业化数字教育人才队伍，培养数字教育系统设计、开发、运维人员，开发适应当地发展阶段的软硬件，提高设备使用效率和维护水平。强化远程医疗供给服务能力，深入推进智慧医联体平台建设，改善基层医疗卫生机构服务能力。积极完善省市县乡村五级远程医疗服务网络，推动优质医疗资源下沉，促进远程医疗服务健康发展，利用互联网技术将医疗服务向患者身边延伸，提升医疗服务可及性、便捷性；加强基层医疗卫生数字化基础设施建设，推进人口信息、电子病历、电子健康档案和公共卫生信息互联互通共享。提升养老服务信息化水平，开展基本养老服务综合平台试点，推动实现服务清单数字化、数据赋能便利化、供需对接精准化、服务监管智慧化；支持引导各地加快建设面向社会公众的养老服务综合信息平台，实现养老服务便捷可及、供需精准对接，配备助行、助餐、助穿、如厕、助浴、感知类老年人用品，满足社交、康养、生活服务等多层次、多样化养老服务。完善数字化社会保障服务，完善社会保障大数据应用，依托全国一体化政务服务平台开展跨地区、跨部门、跨层级数据共享应用，实现社保"跨省通办"。加快推进社保经办数字化转型。延伸社保卡居民服务"一卡通"应用场景，为群众提供电子社保卡"扫码亮证"服务，丰富待遇补贴资金发放、老年人与残障人士服务等应用场景。

三、研究展望

　　本书系统研究了数字经济对经济高质量发展的影响，理论分析与实证分析并重，直接影响为主、间接影响为辅，分析了数字经济对经济高质量发展的作用机制，并用计量模型加以论证。然而，经济高质量发展是一个庞大的系统，涉及的范围非常广泛，以致在理论上的分析还不够全面，与中国特色社会主义政治经济学系统化理论的结合还不够深入，如对供给侧结构性改革、四化（信息化、工业化、城镇化、农业现代化）融合、金融体制改革、对外开放等研究得不够深入。在实证方面，对企业经济高质量发展和宏观经济高质量发展的实证分析较为规范严谨，在供给侧结构性改革（产业结构合理化和高级化）、农业现代化（乡村振兴）等方面只做了自回归和格兰杰因果检验，未进一步展开深入探讨。

　　未来研究需进行三个方面的改进。一是在理论上要以系统思维和方法分析经济发展系统与数字经济系统之间的关系，需要有一个全局性、系统性的分析，使理论分析更加深入。二是在实证上要对数字经济促进经济高质量发展的三个影响效应（溢出效应、协同效应和长尾效应）进行验证。三是在计量方法上还需改进，如采用 DID 模型分析数字经济的影响以及用空间计量模型分析城市区域间的空间溢出效应等。

参考文献

［1］Acemoglu D, Antras P, Helpman E. Contracts and Technology Adoption［J］. American Economic Review, 2007, 97(3): 916–943.

［2］Acemoglu D, Restrepo P. Artificial Intelligence, Automation and Work［M］// Ajay A, Joshua G, Avi G. The Economics of Artificial Intelligence: An Agenda. Chicago: University of Chicago Press, 2019.

［3］Aghion P, Jones B, Jones C. Artificial Intelligence and Economic Growth［M］// Ajay A, Joshua G, Avi G. The Economics of Artificial Intelligence: An Agenda. Chicago: University of Chicago Press, 2019.

［4］Ahmad N, Schreyer P. Are GDP and Productivity Measures Up to the Challenges of the Digital Economy?［J］. International Productivity Monitor, 2016(30): 1–24.

［5］Argentino P. R&D and Economic Growth: How Strong Is the Link?［J］. Economics Letters, 2010, 107(2): 152–154.

［6］Beaudry P, Green D. Population Growth, Technological Adoption, and Economic Outcomes in the Information Era［J］. Review of Economic Dynamics, 2002, 5(4):749–774.

［7］Bogoviz A V, Lobova S V, Ragulina J V. Perspectives of Growth of Labor Efficiency in the Conditions of the Digital Economy［C］//Elena G. The Future of the Global Financial System: Downfall or Harmony. Cham: Pringer, 2019.

［8］Brandt L, Biesebroeck J V, Zhang Y F. Creative Accounting or Creative Destruction? Firm–Level Productivity Growth in Chinese Manufacturing［J］.

Journal of Development Economics, 2012, 97(2): 339–351.

［9］Brynjolfsson E, Hitt L M. Beyond Computation: Information Technology, Organizational Transformation and Business Performance［J］. Journal of Economic Perspectives, 2000, 14(4): 23–48.

［10］Brynjolfsson E, Rock D, Syverson C. Artificial Intelligence and the Modern Productivity Paradox: A Clash of Expectations and Statistics［M］// Ajay A, Joshua G, Avi G. The Economics of Artificial Intelligence: An Agenda. Chicago: University of Chicago Press, 2019.

［11］Brynjolfsson E. The Productivity Paradox of Information Technology［J］. Communications of the ACM, 1993, 36(12): 66–77.

［12］Bukht R, Heeks R. Defining, Conceptualising and Measuring the Digital Economy［J］. International Organisations Research Journal, 2018, 13(2): 143–172.

［13］Cheng C Y, Chien M S, Lee C C. ICT Diffusion, Financial Development, and Economic Growth: An International Cross–Country Analysis［J］. Economic Modelling, 2021, 94: 662–671.

［14］Correa L. The Economic Impact of Telecommunications Diffusion on UK Productivity Growth［J］. Information Economics and Policy, 2006, 18(4): 385–404.

［15］David O O. Nexus between Telecommunication Infrastructures, Economic Growth and Development in Africa: Panel Vector Autoregression (P–VAR) Analysis［J］. Telecommunications Policy, 2019, 43(8): 101816.

［16］David P A. The Dynamo and the Computer: An Historical Perspective on the Modern Productivity Paradox［J］. The American Economic Review, 1990, 80(2): 355–361.

［17］Denison E F. United States Economic Growth［J］. The Journal of Business, 1962, 35(2): 109–121.

［18］Dewan S, Kraemer K L. Information Technology and Productivity: Evidence from Country–Level Data［J］. Management Science, 2000, 46(4):

548–562.

[19] Di W, Tao Z, Feng L, et al., ICT and Socio–Economic Development: Evidence from a Spatial Panel Data Analysis in China [J]. Telecommunications Policy, 2021, 45(7): 102173.

[20] Edwards S. Openness, Productivity and Growth: What Do We Really Know? [J]. The Economic Journal, 1998, 108: 383–398.

[21] Fernández–Portillo A, Almodóvar–González M, Hernández–Mogollón R. Impact of ICT Development on Economic Growth. A Study of OECD European Union Countries [J]. Technology in Society, 2020, 63: 101420.

[22] Fine B. Endogenous Growth Theory: a Critical Assessment [J]. Cambridge Journal of Economics, 2000, 24(2): 245–265.

[23] Gullickson W, Harper M J. Possible Measurement Bias in Aggregate Productivity Growth [J]. Monthly Labor Review, 1999, 122(2): 47–67.

[24] Habibi F, Zabardast M A. Digitalization, Education and Economic Growth: A Comparative Analysis of Middle East and OECD Countries [J]. Technology in Society, 2020, 63: 101370.

[25] Han D, Ding Y Y, Shi Z Y, et al. The Impact of Digital Economy on Total Factor Carbon Productivity: The Threshold Effect of Technology Accumulation [J]. Environmental Science and Pollution Research, 2022, 29(37): 55691–55706.

[26] Holtz–Eakin D, Lovely M E, Tosun M S. Generational Conflict, Human Capital Accumulation, and Economic Growth [J]. Center for Policy Research Working Papers, 2000, 85(2): 377–393.

[27] Indjikian R, Siegel D S. The Impact of Investment in IT on Economic Performance: Implications for Developing Countries [J]. World Development, 2005, 33(5): 681–700.

[28] J. Tinbergen. Zur Theorie der Langfristigen Wirtschaftsentwicklung (On the Theory of Long–Term Economic Growth) [J]. Weltwirtschaftliches

Archiv, 1942, 55: 511−549.

［29］Jaakkola H, Tenhunen H, Latvala A. Information Technology and Changes in Industry［J］. European Journal of Information Systems, 1991, 1(1): 3−11.

［30］Jalava J, Pohjola M. The Roles of Electricity and ICT in Economic Growth: Case Finland［J］. Explorations in Economic History, 2008, 45(3): 270−287.

［31］Jones C I, Tonetti C. Nonrivalry and the Economics of Data［J］. American Economic Review, 2020, 110(9): 2819−2858.

［32］Jorgenson D W, Ho M S, Stiroh K J. A Retrospective Look at the U. S. Productivity Growth Resurgence［J］. Journal of Economic Perspectives, 2008, 22(1): 3−24.

［33］Kartskhiya A A, Tyrtychnyy S A, Smirnov M G, et al. Digital Technologies in Supply Chain Management for Production and Digital Economy Development［J］. International Journal of Supply Chain Management, 2020, 9(3): 912−918.

［34］Kendrick J W. Front Matter, Productivity Trends in the United States［M］// Kendrick J W. Productivity Trends in the United States. Princeton: Princeton University Press, 1961.

［35］Klaslan Y, Sickles R C, Kay A A, et al. Impact of ICT on the Productivity of the Firm: Evidence from Turkish Manufacturing［J］. Journal of Productivity Analysis, 2017, 47(3): 277−289.

［36］Latif Z, Latif S, Liu X M, et al. The Dynamics of ICT, Foreign Direct Investment, Globalization and Economic Growth: Panel Estimation Robust to Heterogeneity and Cross−Sectional Dependence［J］. Telematics and Informatics, 2018, 35(2): 318−328.

［37］Lin M F, Prabhala N R, Viswanathan S. Judging Borrowers by the Company They Keep: Friendship Networks and Information Asymmetry in

Online Peer–to–Peer Lending〔J〕. Management Science, 2013, 59(1): 17–35.

〔38〕Lucas R E. On the Mechanics of Economic Development〔J〕. Journal of Monetary Economics, 1988, 22(1): 3–42.

〔39〕Makridakis P S. The Forthcoming Artificial Intelligence (AI) Revolution: Its Impact on Society and Firms〔J〕. Futures, 2017, 90: 46–60.

〔40〕Malmquist S. Index Numbers and Indifference Surfaces〔J〕. Trabajos De Estadistica, 1953, 4(2): 209–242.

〔41〕Martinez M, Mlachila M. The Quality of the Recent High–Growth Episode in Sub–Saharan Africa〔R〕. IMF Working Paper, 2013.

〔42〕Matthess M, Kunkel S. Structural Change and Digitalization in Developing Countries: Conceptually Linking the Two Transformations〔J〕. Technology in Society, 2020, 63: 101428.

〔43〕Moulton B R. GDP and the Digital Economy: Keeping up with the Changes〔C〕. Understanding the Digital Economy, 1999: 34–48.

〔44〕Myles G. Taxation and Economic Growth〔J〕. Fiscal Studies. 2000, 21(1): 141–168.

〔45〕Myovella G, Karacuka M, Haucap J. Digitalization and Economic Growth: A Comparative Analysis of Sub–Saharan Africa and OECD Economies〔J〕. Telecommunications Policy, 2020, 44(2): 101856.

〔46〕Nair M, Pradhan R P, Arvin M B. Endogenous Dynamics between R&D, ICT and Economic Growth: Empirical Evidence from the OECD Countries〔J〕. Technology in Society, 2020, 62: 101315.

〔47〕Nambisan S. Digital Entrepreneurship: Toward a Digital Technology Perspective of Entrepreneurship〔J〕. Entrepreneurship Theory and Practice, 2017, 41(6): 1029–1055.

〔48〕Nunn N, Qian N. US Food Aid and Civil Conflict〔J〕. American Economic Review, 2014, 104(6): 1630–1666.

〔49〕Orlov E. How Does the Internet Influence Price Dispersion? Evidence from the Airline Industry［J］. The Journal of Industrial Economics, 2011, 59(1): 21–37.

［50］Pan W R, Xie T, Wang Z W, et al. Digital Economy: An Innovation Driver for Total Factor Productivity［J］. Journal of Business Research, 2022, 139: 303–311.

［51］Paravee M, Woraphon Y. An Analysis of the Impacts of Telecommunications Technology and Innovation on Economic Growth［J］. Telecommunications Policy, 2020, 44(10): 102038.

［52］Pazaitis A, Kostakis V, Bauwens M. Digital Economy and the Rise of Open Cooperativism: the Case of the Enspiral Network［J］. Transfer: European Review of Labour and Research, 2017, 23(2): 177–192.

［53］Pinnuck M, Lillis A M. Profits Versus Losses: Does Reporting an Accounting Loss Act as a Heuristic Trigger to Exercise the Abandonment Option and Divest Employees?［J］. The Accounting Review, 2007, 82(4): 1031–1053.

［54］Pradhan R P, Arvin M B, Nair M, et al. Short–Term and Long–Term Dynamics of Venture Capital and Economic Growth in a Digital Economy: A Study of European Countries［J］. Technology in Society, 2019, 57: 125–134.

［55］Romer P M. Increasing Returns and Long–Run Growth［J］. Journal of Political Economy, 1986, 94(5): 1002–1037.

［56］Romer P M. Endogenous Technological Change［J］. Journal of Political Economy, 1990, 98(5): 71–102.

［57］Sawng Y W, Kim P R, Park J Y. ICT Investment and GDP Growth: Causality Analysis for the Case of Korea［J］. Telecommunications Policy, 2021, 45(7): 102157.

［58］Schumpeter J A. The Theory of Economic Development［M］. Cambridge, MA: Harvard University Press, 1921.

［59］Shkarlet S, Dubyna M, Shtyrkhun K, et al. Transformation of the Paradigm of the Economic Entities Development in Digital Economy［J］.

WSEAS Transactions on Environment and Development, 2020, 16(8): 413–422.

［60］Solow R M. A Contribution to the Theory of Economic Growth［J］. The Quarterly Journal of Economics, 1956, 70(1): 65–94.

［61］Solow R M. Technical Change and the Aggregate Production Function［J］. The Review of Economics and Statistics, 1957, 39(3): 312–320.

［62］Solow R M. We'd Better Watch Out［J］. The New York Times Book Review, 1987, 36: 36.

［63］Stiroh K J. Are ICT Spillovers Driving the New Economy?［J］. The Review of Income and Wealth, 2002, 48(1): 33–57.

［64］Tranos E. , Kitsos T, Ortega–Argilés R. Digital Economy in the UK: Regional Productivity Effects of Early Adoption［J］. Regional Studies, 2021, 55(12): 1924–1938.

［65］Triplett J E. The Solow Productivity Paradox: What Do Computers Do to Productivity?［J］. Canadian Journal of Economics, 1999, 32(2): 309–334.

［66］Watanabe C, Moriya K, Tou Y, et al. Structural Sources of A Productivity Decline in the Digital Economy［J］. International Journal of Managing Information Technology, 2018, 10(1): 1–20.

［67］安淑新 . 促进经济高质量发展的路径研究：一个文献综述［J］. 当代经济管理，2018，40（9）：11–17.

［68］安维复 . 数字化与生产方式范畴的当代形式：从社会建构主义看［J］. 江西社会科学，2004（4）：62–71.

［69］白万平，孙溶镁，白鸽 . 数字经济发展提高了企业全要素生产率吗？：基于 A 股上市公司的分析［J］. 经济与管理评论，2022，38（5）：5–19.

［70］本书编写组 . 党的二十大报告辅导读本［M］. 北京：人民出版社，2022.

［71］编写组 . 中国共产党简史［M］. 北京：人民出版社，中共党史出版社，2021.

［72］蔡昉，张晓晶．构建新时代中国特色社会主义政治经济学［M］．北京：中国社会科学出版社，2019．

［73］蔡昉．农业劳动力转移潜力耗尽了吗？［J］．中国农村经济，2018（9）：2–13．

［74］蔡跃洲．数字经济的增加值及贡献度测算：历史沿革、理论基础与方法框架［J］．求是学刊，2018，45（5）：65–71．

［75］曹建飞，韩延玲．数字经济对城市经济高质量发展影响的实证检验［J］．统计与决策，2022，38（16）：82–86．

［76］曹正勇．数字经济背景下促进我国工业高质量发展的新制造模式研究［J］．理论探讨，2018（2）：99–104．

［77］钞小静，薛志欣．新时代中国经济高质量发展的理论逻辑与实践机制［J］．西北大学学报（哲学社会科学版），2018，48（6）：12–22．

［78］陈昌兵．新时代我国经济高质量发展动力转换研究［J］．上海经济研究，2018（5）：16–24+41．

［79］陈婕．数字普惠金融对实体经济发展的影响研究：基于省级面板数据的实证［J］．经营与管理，2021（6）：153–158．

［80］陈维涛，韩峰，张国峰．互联网电子商务、企业研发与全要素生产率［J］．南开经济研究，2019（5）：41–59．

［81］陈昭，陈钊泳，谭伟杰．数字经济促进经济高质量发展的机制分析及其效应［J］．广东财经大学学报，2022，37（3）：4–20．

［82］程恩富．马克思主义政治经济学重大理论研究［M］．北京：中国人民大学出版社，2023．

［83］程虹．竞争政策与企业高质量发展研究报告［J］．中国市场监管研究，2018（9）：20–21．

［84］戴建军，熊鸿儒，马名杰．新一轮技术革命及生产方式变革对中国的影响［J］．中国发展观察，2019（7）：20–26．

［85］邓小平．邓小平文选：第二卷［M］．北京：人民出版社，1993．

［86］丁松，李若瑾．数字经济、资源配置效率与城市高质量发展［J］．

浙江社会科学，2022（8）：11–21+156.

［87］丁志帆．数字经济驱动经济高质量发展的机制研究：一个理论分析框架［J］．现代经济探讨，2020（1）：85–92.

［88］樊纲，王小鲁，马光荣．中国市场化进程对经济增长的贡献［J］．经济研究，2011，46（9）：4–16.

［89］方大春，马为彪．中国省际高质量发展的测度及时空特征［J］．区域经济评论，2019（2）：61–70.

［90］付晓东．数字经济：中国经济发展的新动能［J］．人民论坛，2020（21）：20–23.

［91］高培勇，杜创，刘霞辉，等．高质量发展背景下的现代化经济体系建设：一个逻辑框架［J］．经济研究，2019，54（4）：4–17.

［92］葛和平，吴福象．数字经济赋能经济高质量发展：理论机制与经验证据［J］．南京社会科学，2021（1）：24–33.

［93］龚六堂，林东杰．资源配置效率与经济高质量发展［J］．北京大学学报（哲学社会科学版），2020，57（6）：105–112.

［94］龚沁宜，成学真．数字普惠金融、农村贫困与经济增长［J］．甘肃社会科学，2018（6）：139–145.

［95］顾海良．马克思经济思想与中国特色政治经济学［M］．北京：中国人民大学出版社，2022.

［96］顾海良．中国特色社会主义政治经济学史纲［M］．北京：高等教育出版社，2019.

［97］顾宁，吴懋，赵勋悦．数字普惠金融对小微企业全要素生产率的影响："锦上添花"还是"雪中送炭"［J］．南京社会科学，2021（12）：35–47.

［98］郭晗，廉玉妍．数字经济与中国未来经济新动能培育［J］．西北大学学报（哲学社会科学版），2020，50（1）：65–72.

［99］郭晗，全勤慧．数字经济与实体经济融合发展：测度评价与实现路径［J］．经济纵横，2022（11）：72–82.

［100］郭吉涛，梁爽．数字经济对中国全要素生产率的影响机理：提升效应还是抑制效果？［J］.南方经济，2021（10）：9-27.

［101］郭金花，郭檬楠，郭淑芬．数字基础设施建设如何影响企业全要素生产率？：基于"宽带中国"战略的准自然实验［J］.证券市场导报，2021（6）：13-23.

［102］郭明英．数字经济统计的方法、挑战与发展建议［J］.调研世界，2023（6）：83-88.

［103］国家发展改革委，国家数据局．数字经济促进共同富裕实施方案［EB/OL］.（2023-12-23）［2024-06-23］. https://www.gov.cn/zhengce/zhengceku/2024 01/content_6924631.htm.

［104］国家发展改革委经济研究所课题组．推动经济高质量发展研究［J］.宏观经济研究，2019（2）：5-17，91.

［105］国家互联网信息办公室．数字中国发展报告（2022年）［R/OL］.（2023-5-23）［2024-06-23］. http://www.cac.gov.cn/2023-05/22/c_1686402318492248.htm.

［106］韩璐，陈松，梁玲玲．数字经济、创新环境与城市创新能力［J］.科研管理，2021，42（4）：35-45.

［107］韩庆祥．中国特色社会主义的发展逻辑［M］.北京：中国人民大学出版社，2020.

［108］韩文龙，陈航．数字化的新生产要素与收入分配［J］.财经科学，2021（3）：56-68.

［109］韩晓晨，陈风帆．数字化转型与全要素生产率：基于绿色创新的中介效应分析［J］.哈尔滨商业大学学报（社会科学版），2023（4）：71-87.

［110］韩兆安，赵景峰，吴海珍．中国省际数字经济规模测算、非均衡性与地区差异研究［J］.数量经济技术经济研究，2021，38（8）：164-181.

［111］郝云平，雷汉云．数字普惠金融推动经济增长了吗？——基于

空间面板的实证［J］.当代金融研究，2018（3）：90-101.

［112］何帆，刘红霞.数字经济视角下实体企业数字化变革的业绩提升效应评估［J］.改革，2019（4）：137-148.

［113］何立峰.深入贯彻新发展理念 推动中国经济迈向高质量发展［J］.宏观经济管理，2018（4）：4-5+14.

［114］何枭吟，成天婷.数字经济推动经济高质量发展的战略抉择［J］.商业经济研究，2021（10）：189-192.

［115］何枭吟.数字经济发展趋势及我国的战略抉择［J］.现代经济探讨，2013（3）：39-43.

［116］何玉长，刘泉林.数字经济的技术基础、价值本质与价值构成［J］.深圳大学学报（人文社会科学版），2021，38（3）：57-66.

［117］贺晓宇，沈坤荣.现代化经济体系、全要素生产率与高质量发展［J］.上海经济研究，2018（6）：25-34.

［118］胡德龙，巢文鸣.区域创新、数字经济与企业全要素生产率［J］.现代经济探讨，2023（9）：62-72.

［119］花俊国，刘畅，朱迪.数字化转型、融资约束与企业全要素生产率［J］.南方金融，2022（7）：54-65.

［120］黄奇帆，朱岩，邵平.数字经济：内涵与路径［M］.北京：中信出版集团，2022.

［121］黄庆华，潘婷，时培豪.数字经济对城乡居民收入差距的影响及其作用机制［J］.改革，2023（4）：53-69.

［122］黄群慧，余泳泽，张松林.互联网发展与制造业生产率提升：内在机制与中国经验［J］.中国工业经济，2019（8）：5-23.

［123］黄再胜.数字经济重大理论与实践问题的政治经济学研究［M］.上海：格致出版社，2023.

［124］惠宁，杨昕.数字经济驱动与中国制造业高质量发展［J］.陕西师范大学学报（哲学社会科学版），2022，51（1）：133-147.

［125］吉雪强，王野，张跃松.数字经济、房价与全要素生产率：

调节效应与异质性分析［J］.经济问题探索，2023（9）：1-14.

［126］纪玉俊，孙红梅.市场化、产业协同集聚与城市生产率［J］.山东科技大学学报（社会科学版），2020，22（1）：91-101.

［127］江艇，孙鲲鹏，聂辉华.城市级别、全要素生产率和资源错配［J］.管理世界，2018，34（3）：38-50+77+183.

［128］姜松，周鑫悦.数字普惠金融对经济高质量发展的影响研究［J］.金融论坛，2021，26（8）：39-49.

［129］焦帅涛，孙秋碧.我国数字经济发展对产业结构升级的影响研究［J］.工业技术经济，2021，40（5）：146-154.

［130］焦勇.数字经济赋能制造业转型：从价值重塑到价值创造［J］.经济学家，2020（6）：87-94.

［131］金春枝，李伦.我国互联网数字鸿沟空间分异格局研究［J］.经济地理，2016，36（8）：106-112.

［132］荆文君，孙宝文.数字经济促进经济高质量发展：一个理论分析框架［J］.经济学家，2019（2）：66-73.

［133］（苏）卡马耶夫.经济增长的速度和质量［M］.陈华山，左东官，何剑，等译.武汉：湖北人民出版社，1983.

［134］康瑾，陈凯华.数字创新发展经济体系：框架、演化与增值效应［J］.科研管理，2021，42（4）：1-10.

［135］孔令英，董依婷，赵贤.数字经济、资源错配与经济高质量发展：基于261个城市数据的实证分析［J］.中国科技论坛，2023（5）：123-133.

［136］李诚浩，任保平.数字经济驱动我国全要素生产率提高的机理与路径［J］.西北大学学报（哲学社会科学版），2023，53（4）：159-167.

［137］李春发，李冬冬，周驰.数字经济驱动制造业转型升级的作用机理：基于产业链视角的分析［J］.商业研究，2020（2）：73-82.

［138］李鸿飞，吴军，王林晓.新发展理念下城镇化高质量发展水

平综合评价：以山东省为例［J］.国土与自然资源研究，2023（1）：1-6.

［139］李慧泉，简兆权，林青宁.数字经济发展能否改善中国资源错配［J］.科技进步与对策，2023，40（16）：22-31.

［140］李金昌，史龙梅，徐蔼婷.高质量发展评价指标体系探讨［J］.统计研究，2019，36（1）：4-14.

［141］李梦欣，任保平.新时代中国高质量发展的综合评价及其路径选择［J］.财经科学，2019（5）：26-40.

［142］李三希，黄卓.数字经济与高质量发展：机制与证据［J］.经济学（季刊），2022，22（5）：1699-1716.

［143］李史恒，屈小娥.数字经济赋能制造业高质量发展：理论机制与实证检验［J］.经济问题探索，2022（10）：105-117.

［144］李向阳，陈佳毅，范玲.数字经济与经济高质量发展耦合关系研究［J］.经济问题，2022（9）：34-40.

［145］李晓华.数字经济新特征与数字经济新动能的形成机制［J］.改革，2019（11）：40-51.

［146］李彦臻，任晓刚.科技驱动视角下数字经济创新的动力机制、运行路径与发展对策［J］.贵州社会科学，2020（12）：113-120.

［147］李英杰，韩平.数字经济下制造业高质量发展的机理和路径［J］.宏观经济管理，2021（5）：36-45.

［148］李宗显，杨千帆.数字经济如何影响中国经济高质量发展？［J］.现代经济探讨，2021（7）：10-19.

［149］梁琦，肖素萍，李梦欣.数字经济发展、空间外溢与区域创新质量提升：兼论市场化的门槛效应［J］.上海经济研究，2021（9）：44-56.

［150］廖信林，杨正源.数字经济赋能长三角地区制造业转型升级的效应测度与实现路径［J］.华东经济管理，2021，35（6）：22-30.

［151］林宏伟，邵培基.区块链对数字经济高质量发展的影响因素研究［J］.贵州社会科学，2019（12）：112-121.

［152］林龙飞，祝仲坤.“稳就业”还是"毁就业"？数字经济对农民工高质量就业的影响［J］.南方经济，2022（12）：99–114.

［153］林兆木.关于我国经济高质量发展的几点认识［J］.领导决策信息，2018（6）：7.

［154］刘诚，夏杰长.数字经济发展与营商环境重构：基于公平竞争的一般分析框架［J］.经济学动态，2023（4）：30–41.

［155］刘刚.生产方式变革的内生演进：一种马克思主义经济学的解读［J］.当代经济研究，2010（12）：12–16.

［156］刘湖，于跃，蒋万胜.区块链技术、教育资源差异与经济高质量发展：基于我国高等教育资源配置状况的实证分析［J］.陕西师范大学学报（哲学社会科学版），2020，49（1）：145–158.

［157］刘佳，黄晓凤，陈俊.高铁与城市经济高质量发展：基于地级市数据的实证研究［J］.当代财经，2021（1）：14–26.

［158］刘家旗，茹少峰.数字经济如何影响经济高质量发展：基于国际比较视角［J］.经济体制改革，2022（1）：157–163.

［159］刘淑春.中国数字经济高质量发展的靶向路径与政策供给［J］.经济学家，2019（6）：52–61.

［160］刘伟，张立元.资源配置、产业结构与全要素生产率：基于真实经济周期模型的分析［J］.经济理论与经济管理，2018（9）：5–22.

［161］刘艳霞.数字经济赋能企业高质量发展——基于企业全要素生产率的经验证据［J］.改革，2022（9）：35–53.

［162］刘洋，董久钰，魏江.数字创新管理：理论框架与未来研究［J］.管理世界，2020，36（7）：198–217+219.

［163］刘志彪.理解高质量发展：基本特征、支撑要素与当前重点问题［J］.学术月刊，2018，50（7）：39–45+59.

［164］卢福财.数字经济学［M］.北京：高等教育出版社，2022.

［165］鲁晓东，连玉君.中国工业企业全要素生产率估计：1999—2007［J］.经济学（季刊），2012，11（2）：541–558.

［166］鲁玉秀，方行明，张安全. 数字经济、空间溢出与城市经济高质量发展［J］.经济经纬，2021，38（6）：21-31.

［167］鲁玉秀. 数字经济对城市经济高质量发展影响研究［D］. 成都：西南财经大学，2023.

［168］罗仲伟，陆可晶. 转危为机：运用数字技术加速中小企业群体性转型升级［J］.价格理论与实践，2020（6）：10-16+36.

［169］马茹，罗晖，王宏伟，等. 中国区域经济高质量发展评价指标体系及测度研究［J］.中国软科学，2019（7）：60-67.

［170］马玥. 数字经济对消费市场的影响：机制、表现、问题及对策［J］.宏观经济研究，2021（5）：81-91.

［171］马中东，宁朝山. 数字经济、要素配置与制造业质量升级［J］.经济体制改革，2020（3）：24-30.

［172］苗成斌. 高质量发展考评体系研究［M］.北京：人民出版社，2023.

［173］聂娜. 数字要素驱动经济高质量发展的理论逻辑、现实价值与关键举措［J］.甘肃理论学刊，2021（2）：89-97.

［174］欧阳日辉. 数字经济的理论演进、内涵特征和发展规律［J］.广东社会科学，2023（1）：25-35+286.

［175］逄健，朱欣民. 国外数字经济发展趋势与数字经济国家发展战略［J］.科技进步与对策，2013，30（8）：124-128.

［176］逄锦聚. 深刻认识和把握新时代我国社会主要矛盾［J］.经济研究，2017，52（11）：20-22.

［177］裴长洪，倪江飞，李越. 数字经济的政治经济学分析［J］.财贸经济，2018，39（9）：5-22.

［178］彭继增，陶旭辉，徐丽. 我国数字化贫困地理集聚特征及时空演化机制［J］.经济地理，2019，39（2）：169-179.

［179］彭荣. 高质量发展评价方法及其应用研究［M］.广州：中山大学出版社，2022.

［180］蒲晓晔，Jarko Fidrmuc. 中国经济高质量发展的动力结构优化机理研究［J］. 西北大学学报（哲学社会科学版），2018，48（1）：113–118.

［181］戚聿东，刘欢欢. 数字经济下数据的生产要素属性及其市场化配置机制研究［J］. 经济纵横，2020（11）：63–76+2.

［182］乔晓楠，郗艳萍. 数字经济与资本主义生产方式的重塑：一个政治经济学的视角［J］. 当代经济研究，2019（5）：5–15+113.

［183］乔榛. 资本主义生产方式变迁中的资本主义制度演进：一个发展马克思经济学的新路径［J］. 贵州财经学院学报，2009（1）：37–42.

［184］邱泽奇，张樹沁，刘世定，等. 从数字鸿沟到红利差异：互联网资本的视角［J］. 中国社会科学，2016（10）：93–115.

［185］任保平，文丰安. 新时代中国高质量发展的判断标准、决定因素与实现途径［J］. 改革，2018（4）：5–16.

［186］任保平，张倩. 中国式现代化新征程中高质量数字基础设施建设的新要求和实现路径［J］. 求是学刊，2023，50（2）：48–56.

［187］任保平. 数字经济引领高质量发展的逻辑、机制与路径［J］. 西安财经大学学报，2020，33（2）：5–9.

［188］阮翀，利剑豪. 数字经济驱动区域产业高质量发展的作用机制研究［J］. 中国商论，2021（10）：165–167.

［189］沈运红，黄桁. 数字经济水平对制造业产业结构优化升级的影响研究：基于浙江省 2008—2017 年面板数据［J］. 科技管理研究，2020，40（3）：147–154.

［190］师博. 数字经济促进城市经济高质量发展的机制与路径［J］. 西安财经大学学报，2020，33（2）：10–14.

［191］石大千，胡可，陈佳. 城市文明是否推动了企业高质量发展？——基于环境规制与交易成本视角［J］产业经济研究，2019（6）：27–38.

［192］宋承先. 西方经济学名著提要［M］. 南昌：江西人民出版社，

2001.

［193］宋清华，钟启明，温湖炜．产业数字化与企业全要素生产率：来自中国制造业上市公司的证据［J］.海南大学学报（人文社会科学版），2022，40（4）：74-84.

［194］宋洋．数字经济、技术创新与经济高质量发展：基于省级面板数据［J］.贵州社会科学，2020（12）：105-112.

［195］苏冰杰，卢方元，朱峰，等．中国数字经济发展水平：时空特征、动态演化及影响因素［J］.运筹与管理，2022，31（9）：161-168.

［196］隋岩．群体传播时代：信息生产方式的变革与影响［J］.中国社会科学，2018（11）：114-134+204-205.

［197］孙德林，王晓玲．数字经济的本质与后发优势［J］.当代财经，2004（12）：22-23.

［198］孙光林，李婷，莫媛．数字经济对中国农业全要素生产率的影响［J］.经济与管理评论，2023，39（1）：92-103.

［199］孙鹏，柳力群，周可憧．数字经济与企业全要素生产率：来自国家级大数据综合试验区的证据［J］.海南大学学报（人文社会科学版），2023，41（5）：114-123.

［200］孙小强，王燕妮，王玉梅．中国数字经济发展水平：指标体系、区域差距、时空演化［J］.大连理工大学学报（社会科学版），2023，44（6）：33-42.

［201］汤云凯，邓汉慧．数字经济对共同富裕的影响效果及作用机制检验［J］.统计与决策，2023，39（18）：11-15.

［202］田华文．"双碳"目标下数字经济赋能绿色低碳发展论析［J］.中州学刊，2023（9）：30-39.

［203］涂心语，严晓玲．数字化转型、知识溢出与企业全要素生产率：来自制造业上市公司的经验证据［J］.产业经济研究，2022（2）：43-56.

［204］万晓榆，罗焱卿．数字经济发展水平测度及其对全要素生产

率的影响效应［J］.改革，2022（1）：101-118.

［205］汪淼军，张维迎，周黎安.信息技术、组织变革与生产绩效：关于企业信息化阶段性互补机制的实证研究［J］.经济研究，2006（1）：65-77.

［206］王彬燕，田俊峰，程利莎，等.中国数字经济空间分异及影响因素［J］.地理科学，2018，38（6）：859-868.

［207］王大鹏，朱迎春.中国高技术产业生产率增长来源：技术进步还是技术效率［J］.中国科技论坛，2011（7）：24-31.

［208］王佳.数字经济助推经济高质量发展研究：以江西省新余市为例［J］.对外经贸，2021（4）：95-97.

［209］王建冬，童楠楠.数字经济背景下数据与其他生产要素的协同联动机制研究［J］.电子政务，2020（3）：22-31.

［210］王静田，付晓东.数字经济的独特机制、理论挑战与发展启示：基于生产要素秩序演进和生产力进步的探讨［J］.西部论坛，2020，30（6）：1-12.

［211］王军，马骁，张毅.自贸区设立促进经济高质量发展的政策效应评估：来自资源配置的解释［J］.学习与探索，2023（1）：127-137.

［212］王军.准确把握高质量发展的六大内涵［N］.证券日报，2017-12-23（A03）.

［213］王俊豪，周晟佳.中国数字产业发展的现状、特征及其溢出效应［J］.数量经济技术经济研究，2021，38（3）：103-119.

［214］王凯.数字经济、资源配置与产业结构优化升级［J］.金融与经济，2021（4）：57-65.

［215］王梦菲，张昕蔚.数字经济时代技术变革对生产过程的影响机制研究［J］.经济学家，2020（1）：52-58.

［216］王小鲁，胡李鹏，樊纲.中国分省份市场化指数报告（2021）［M］.北京：社会科学文献出版社，2021.

［217］王晓静，罗娟，宋燕飞.区块链技术促进生产方式变革［J］.

技术经济与管理研究，2019（5）：3-7.

［218］王亚男，唐晓彬 . 新发展格局下我国沿海城市群高质量发展测度及空间分异［J］. 中国流通经济，2022，36（2）：67-77.

［219］王振，王滢波，惠志斌，等 . 全球数字经济竞争力发展报告（2019）［M］. 北京：社会科学文献出版社，2019.

［220］卫兴华 . 社会主义初级阶段理论与实践［M］. 北京：经济科学出版社，2017.

［221］魏杰，汪浩 . 转型之路：新旧动能转换与高质量发展［J］. 国家治理，2018（21）：31-38.

［222］魏敏，李书昊 . 新时代中国经济高质量发展水平的测度研究［J］. 数量经济技术经济研究，2018，35（11）：3-20.

［223］巫景飞，汪晓月 . 基于最新统计分类标准的数字经济发展水平测度［J］. 统计与决策，2022，38（3）：16-21.

［224］吴心弘，裴平 . 金融科技、全要素生产率与数字经济增长［J］. 经济与管理研究，2022，43（7）：16-36.

［225］吴瑶，肖静华，谢康 . 数据驱动的技术契约适应性创新：数字经济的创新逻辑（四）［J］. 北京交通大学学报（社会科学版），2020，19（4）：1-14.

［226］伍中信，陈放 . 基于新发展理念的高质量发展评价指标体系构建［J］. 会计之友，2022（9）：146-150.

［227］郗戈，朱天涛 . 马克思资本主义生产方式起源理论的逻辑演进［J］. 中国高校社会科学，2021（2）：49-58+158.

［228］习近平 . 习近平谈治国理政：第三卷［M］. 北京：外文出版社，2020.

［229］习近平 . 高举中国特色社会主义伟大旗帜 为全面建设社会主义现代化国家而团结奋斗：在中国共产党第二十次全国代表大会上的报告［EB/OL］.（2022-10-25）［2024-06-23］. https://www.gov.cn/xinwen/2022-10/25/content_5721685.htm.

［230］向书坚，吴文君.中国数字经济卫星账户框架设计研究［J］.统计研究，2019，36（10）：3-16.

［231］肖京，赖家材.数字化赋能高质量发展［M］.北京：人民出版社，2023.

［232］肖静华，谢康，吴瑶.数据驱动的产品适应性创新：数字经济的创新逻辑（一）［J］.北京交通大学学报（社会科学版），2020，19（1）：7-18.

［233］谢康，吴瑶，肖静华.基于大数据合作资产的适应性创新：数字经济的创新逻辑（二）［J］.北京交通大学学报（社会科学版），2020，19（2）：26-38.

［234］谢康，吴瑶，肖静华.生产方式数字化转型与适应性创新：数字经济的创新逻辑（五）［J］.北京交通大学学报（社会科学版），2021，20（1）：1-10.

［235］谢康，吴瑶，肖静华.数据驱动的组织结构适应性创新：数字经济的创新逻辑（三）［J］.北京交通大学学报（社会科学版），2020，19（3）：6-17.

［236］谢莉娟，王晓东.数字化零售的政治经济学分析［J］.马克思主义研究，2020（2）：100-110.

［237］邢怀振，苏群.数字经济发展水平对城乡收入差距的影响研究［J］.统计与决策，2023，39（18）：78-82.

［238］徐梦周，吕铁.赋能数字经济发展的数字政府建设：内在逻辑与创新路径［J］.学习与探索，2020（3）：78-85+175.

［239］徐清源，单志广，马潮江.国内外数字经济测度指标体系研究综述［J］.调研世界，2018（11）：52-58.

［240］徐晓慧.数字经济与城市经济高质量发展研究［D］.武汉：中南财经政法大学，2022.

［241］徐雪，王永瑜.中国乡村振兴水平测度、区域差异分解及动态演进［J］.数量经济技术经济研究，2022，39（5）：64-83.

［242］许宪春，胡亚茹，张美慧．数字经济增长测算与数据生产要素统计核算问题研究［J］.中国科学院院刊，2022，37（10）：1410-1417.

［243］许宪春，张美慧．中国数字经济规模测算研究：基于国际比较的视角［J］.中国工业经济，2020（5）：23-41.

［244］薛飞，周民良，刘家旗.产业转型升级能否降低碳排放？——来自国家产业转型升级示范区的证据［J］.产业经济研究，2023（2）：1-13.

［245］薛伟贤，刘骏.数字鸿沟主要影响因素的关系结构分析［J］.系统工程理论与实践，2008（5）：85-91.

［246］颜晓峰.重大时代课题与科学理论体系［M］.北京：中国人民大学出版社，2019.

［247］杨虎涛.数字经济的增长效能与中国经济高质量发展研究［J］.中国特色社会主义研究，2020（3）：21-32.

［248］杨慧玲，张力.数字经济变革及其矛盾运动［J］.当代经济研究，2020（1）：22-34+112.

［249］杨慧梅，江璐.数字经济、空间效应与全要素生产率［J］.统计研究，2021，38（4）：3-15.

［250］杨俊，李小明，黄守军.大数据、技术进步与经济增长：大数据作为生产要素的一个内生增长理论［J］.经济研究，2022，57（4）：103-119.

［251］杨佩卿.数字经济的价值、发展重点及政策供给［J］.西安交通大学学报（社会科学版），2020，40（2）：57-65+144.

［252］杨仁发，杨超.长江经济带高质量发展测度及时空演变［J］.华中师范大学学报（自然科学版），2019，53（5）：631-642.

［253］杨伟民.贯彻中央经济工作会议精神 推动高质量发展［J］.宏观经济管理，2018（2）：13-17.

［254］杨文溥，曾会锋.数字经济促进全要素生产率提升的效应评

价［J］.技术经济，2022，41（9）：1-9.

［255］杨文溥.数字经济与区域经济增长：后发优势还是后发劣势？［J］.上海财经大学学报，2021，23（3）：19-31+94.

［256］杨新铭.数字经济：传统经济深度转型的经济学逻辑［J］.深圳大学学报（人文社会科学版），2017，34（4）：101-104.

［257］叶胥，杜云晗，何文军.数字经济发展的就业结构效应［J］.财贸研究，2021，32（4）：1-13.

［258］易宪容，陈颖颖，位玉双.数字经济中的几个重大理论问题研究：基于现代经济学的一般性分析［J］.经济学家，2019（7）：23-31.

［259］余东华，王梅娟.数字经济、企业家精神与制造业高质量发展［J］.改革，2022（7）：61-81.

［260］余靖雯，郭凯明，龚六堂.宏观政策不确定性与企业现金持有［J］.经济学（季刊），2019，18（3）：987-1010.

［261］余泳泽，胡山.中国经济高质量发展的现实困境与基本路径：文献综述［J］.宏观质量研究，2018，6（4）：1-17.

［262］余泳泽，杨晓章，张少辉.中国经济由高速增长向高质量发展的时空转换特征研究［J］.数量经济技术经济研究,2019,36（6）：3-21.

［263］曾浩，饶如梦，张丽.长江经济带高质量发展水平测度及提升路径研究［J］.科技创新与生产力，2020（6）：21-26.

［264］张鸿，刘中，王舒萱.数字经济背景下我国经济高质量发展路径探析［J］.商业经济研究，2019（23）：183-186.

［265］张景波.科技创新对区域经济高质量发展的影响：基于中国城市的实证分析［J］.山东科技大学学报（社会科学版），2020，22（4）：88-95.

［266］张军扩，侯永志，刘培林，等.高质量发展的目标要求和战略路径［J］.管理世界，2019，35（7）：1-7.

［267］张凌洁，马立平.数字经济、产业结构升级与全要素生产率［J］.统计与决策，2022，38（3）：5-10.

［268］张路娜，胡贝贝，王胜光．数字经济演进机理及特征研究［J］．科学学研究，2021，39（3）：406-414.

［269］张美慧．国际新经济测度研究进展及对中国的借鉴［J］．经济学家，2017（11）：47-55.

［270］张鹏．数字经济的本质及其发展逻辑［J］．经济学家，2019（2）：25-33.

［271］张少华．数字经济对城市经济高质量发展的影响研究［D］．太原：山西财经大学，2023.

［272］张圣兵，刘伟杰，周绍东．新科技革命推动的生产方式演进：基于马克思主义政治经济学视角的解读［J］．改革与战略，2018，34（6）：23-31.

［273］张腾，蒋伏心，韦朕韬．数字经济能否成为促进我国经济高质量发展的新动能？［J］．经济问题探索，2021（1）：25-39.

［274］张微微，王曼青，王媛，等．区域数字经济发展如何影响全要素生产率？——基于创新效率的中介检验分析［J］．中国软科学，2023（1）：195-205.

［275］张旭亮，史晋川，李仙德，等．互联网对中国区域创新的作用机理与效应［J］．经济地理，2017，37（12）：129-137.

［276］张雪玲，焦月霞．中国数字经济发展指数及其应用初探［J］．浙江社会科学，2017（4）：32-40+157.

［277］张勋，万广华，张佳佳，等．数字经济、普惠金融与包容性增长［J］．经济研究，2019，54（8）：71-86.

［278］张于喆．数字经济驱动产业结构向中高端迈进的发展思路与主要任务［J］．经济纵横，2018（9）：85-91.

［279］张宇，蒋殿春．数字经济下的国际贸易：理论反思与展望［J］．天津社会科学，2021（3）：84-92.

［280］张月友，董启昌，倪敏．服务业发展与"结构性减速"辨析：兼论建设高质量发展的现代化经济体系［J］．经济学动态，2018（2）：

23–35.

［281］张震，刘雪梦．新时代我国 15 个副省级城市经济高质量发展评价体系构建与测度［J］.经济问题探索，2019（6）：20–31+70.

［282］张治栋，张凯．市场化、增长目标约束与城市环境污染［J］.华东经济管理，2023，37（1）：62–72.

［283］翟淑萍，韩贤，毛文霞．数字经济发展能提高企业劳动投资效率吗［J］.当代财经，2022（1）：78–89.

［284］赵宸宇．数字化发展与服务化转型：来自制造业上市公司的经验证据［J］.南开管理评论，2021，24（2）：149–163.

［285］赵放，李文婷．数字经济赋能经济高质量发展：基于市场和政府的双重视角［J］.山西大学学报（哲学社会科学版），2022，45（5）：41–50.

［286］赵剑波，史丹，邓洲．高质量发展的内涵研究［J］.经济与管理研究，2019，40（11）：15–31.

［287］赵南，陈世坤．数字鸿沟、教育人力资本与劳动力收入［J］.人口学刊，2023，45（4）：70–81.

［288］赵涛，张智，梁上坤．数字经济、创业活跃度与高质量发展：来自中国城市的经验证据［J］.管理世界，2020，36（10）：65–76.

［289］赵西三．数字经济驱动中国制造转型升级研究［J］.中州学刊，2017（12）：36–41.

［290］赵星．数字经济发展现状与发展趋势分析［J］.四川行政学院学报，2016（4）：85–88.

［291］郑国强，万孟泽．数字经济的生产率增长效应：红利还是鸿沟？［J］.当代财经，2023（12）：3–16.

［292］中共中央文献研究室．毛泽东文集：第三卷［M］.北京：人民出版社，1996.

［293］中共中央文献研究室．十八大以来重要文献选编（下）［M］.北京：中央文献出版社，2018.

［294］中共中央宣传部，国家发展和改革委员会 . 习近平经济思想学习纲要［M］. 北京：人民出版社，2022.

［295］中共中央宣传部 . 习近平新时代中国特色社会主义思想学习问答［M］. 北京：学习出版社，2021.

［296］中国互联网络信息中心 . 第 52 次《中国互联网络发展状况统计报告》［EB/OL］.（2023−08−28）［2024−06−23］. https://www.cnnic.net.cn/n4/2023/ 0828/c88−10829. html.

［297］中国信息通信研究院 . 中国数字经济发展白皮书（2020）［EB/OL］.（2020−07−02）［2024−06−23］. http://www.caict.ac.cn/kxyj/qwfb/bps/202007/ t20200702_285535. htm.

［298］钟春平，刘诚，李勇坚 . 中美比较视角下我国数字经济发展的对策建议［J］. 经济纵横，2017（4）：35−41.

［299］钟文，郑明贵，钟昌标 . 数字经济、创新力培育与经济高质量发展［J］. 软科学，2023，37（7）：25−31.

［300］周广肃，樊纲 . 互联网使用与家庭创业选择：来自 CFPS 数据的验证［J］. 经济评论，2018（5）：134−147.

［301］周蓉蓉 . 我国数字经济发展战略与路径研究：基于国际经验的考察［J］. 西南金融，2020（4）：90−96.

［302］周跃辉 . 推动经济高质量发展与供给侧结构性改革［J］. 紫光阁，2018（1）：13−14.